读懂元宇宙

Metaverse Understanding and Exploring

程絮森◎著

中国人民大学出版社
·北 京·

推荐序 · FOREWORD

元宇宙：打造专属自己的数字身份

中国人民大学交叉科学研究院院长、区块链研究院执行院长　杨东

自互联网出现以来，人们对数字空间的探索逐步深入。特别是大数据、人工智能、区块链、物联网和扩展现实（XR）等新一代信息技术发展，不断加快网络基础设施全面覆盖的速度。随着技术的更新迭代，人们对数字化未来的期待值倍增。

当前，数字科技已渗透到人类生活的方方面面，我们的衣食住行都与网络世界存在或多或少的联系。互联网也从信息互联升级至价值互联的元宇宙，以数据融合的方式将真实世界投射到虚拟数字空间，形成数字地球。越来越多的人，特别是年轻一代，喜欢在互联网平台创建和分享自己的内容，这些都是数字身份的雏形表征，也是推动元宇宙从科幻走向现实的重要因素。

技术为基，用户为本，新一代信息技术为元宇宙的建构和

发展提供了动力。当前，国内外互联网公司已经开始布局元宇宙的多元化应用场景，各国也相继出台了建设元宇宙的相关细则。我提出的“共票”理论作为数据确权、价值分配及数据治理工具，为元宇宙的建设提供了可信的共识机制。元宇宙的“共票”属性，让数据的生产者、使用者和治理者都能共享元宇宙的价值回报，将真实与虚拟结合的多维度数字经济提升至全新境界。在元宇宙时代，数据利用和数据保护具有同等的重要性。除了多部法律法规协同保护外，更需要回到“平台、数据、算法三维结构”（PDA 范式），并利用基础设施原则、区块链、双维监管等综合治理，以数据安全为中心，实现隐私保护和数据市场化配置的利益平衡，最终增加社会整体福利。元宇宙必将成为未来十年全球科技发展的风向标，也将成为各国数字经济的竞争新高地。

那么，我们不禁思考：对于普通人来说，元宇宙意味着什么？他们又将如何参与这场数字化变革？在《读懂元宇宙》这本书中，作者程絮森以知识普及的视角，详细阐述了元宇宙的发展脉络和现实根基，以及对于人类未来办公、社交、娱乐和教育的潜在提升空间，为每个人都能在元宇宙的虚拟世界中拥有自己的专属数字身份提供了参考性的构念。

程絮森教授深耕数字技术赋能的虚拟社群与行为研究领域，在虚拟协作、数字经济、数字社会、数字商务与数字化转型等多个数字化交叉前沿领域取得丰硕的研究成果，对元宇宙领域有坚实的理论功底，深刻的认知水平和结构化、系统化的研究。

《读懂元宇宙》从元宇宙的起源、发展与未来畅想等各个方面，对元宇宙的全景布局进行了翔实、客观的描述，用精准的语言、生动的图片和前瞻性的视角描绘了元宇宙的宏观视图。同时，围绕舆论、道德、沉浸、法律、技术、产业六个维度，深入分析了元宇宙的发展风险，展示了数字经济发展和数字化转型的机遇与挑战，提供了全新的洞见和思考。全书结构条理清晰，内容既涵盖专业知识又辅以通俗解释，可以帮助不同层次的读者快速掌握元宇宙的基本框架，建立数字化思维。本书既可以算是一本学术专著，也可以算是一本元宇宙科普读物。

中国人民大学走在元宇宙探索的最前端，国内高校中首家元宇宙研究中心在中国人民大学交叉科学研究院成立，致力于为我国深化元宇宙相关学术研究、完善相关规则和支持相关基础设施做出突出贡献。元宇宙时代已经来到，“春江水暖鸭先知”，我们需要重视构建元宇宙新思维，使用数字代码形成化身，在虚拟空间中的数字王国展开深入探索。

前　言 · PREFACE

伴随新一轮科技革命和产业变革的发展，全球竞争格局的主要力量发生空前改变。以 5G、大数据、人工智能、物联网、区块链、扩展现实等为核心的新型技术，深刻改变了人类的生活方式、产业模式和社会形态，成为助推数字经济创新发展的新引擎。而“元宇宙”恰是这些前沿数字科技催生出的集成体。

2021 年是元宇宙火爆之年，也被很多人称为元宇宙的元年。以 Roblox 公司将元宇宙概念写进招股说明书为基点，各大互联网巨头纷纷宣布进军元宇宙，元宇宙的热度迅速升高，同时拉动了一系列以元宇宙为中心的产业发展。但其实，元宇宙并不是一个全新的概念。早在 1992 年，美国作家尼尔·斯蒂芬森就在科幻小说《雪崩》中提出了元宇宙的构想，书中描述了脱胎于现实世界的一代互联网人对两个平行世界的感知和认识。但是，由于斯蒂芬森对元宇宙的设想涉及的技术过于多样、复杂，因此这个概念沉寂了近乎 30 年的时间，甚至连作者自己都没有想到他笔下的元宇宙会成为刻画未来世界的一个关键词。元宇宙再次进入人们的视线，主要是由于以往所谈及的各种单一空间，已经难以描述未来复杂的数字化信息时代。而元宇宙这一概念，可以把过去各种分散、单一的概念和构想统一到一个综合性的大框架之中。同时，发展元宇宙所需要的各项新技术已经逐渐成熟，于是，Roblox、脸书（Facebook）等公司能够应用元宇宙这一概念框架进行活动，元宇宙在这些科技巨头的带领下重出江湖。

如今，元宇宙已被学术界、产业界和投资界视作新的风口，尽管各行各业都在追逐元宇宙，但元宇宙的“真面目”并未完全显露出来，热度之下，是少数人的引领潮流、部分人的盲从炒作和大多数人的不明所以。随着社会各界给予元宇宙越来越多的关注，产业界和学术界对元宇宙的认识和分析也更加理性和完善。但到目前为止，关于元宇宙的概念众说纷纭，并无统一的定义和看法。用精简的语言概括，元宇宙可以看作与现实世界平行且融合的数字世界，同时可以与现实世界形成高度的交互并对现实世界产生影响。虽然元宇宙起源于《雪崩》，但我们当前所处语境下的元宇宙已经与《雪崩》中提出的元宇宙概念大不相同。当前的元宇宙吸纳了先进的通信技术（5G/6G）、互联网和大数据技术、人工智能技术以及虚拟现实（VR）、增强现实（AR）等，向人类展现出构建与传统物理世界平行的数字世界的可能性；同时借助区块链技术、非同质化代币（NFT）等数字金融成果，引领数字经济进入智能经济发展新阶段。

元宇宙多元化的应用场景将成为推动元宇宙发展的重点方向，也将为数字经济发展提供新的成长空间和重要支撑。目前元宇宙的应用主要集中在办公、游戏、娱乐、社交体验等场景，帮助人们加快实现智慧城市和数字化生活的进程。

元宇宙作为下一代互联网，是一场崭新的技术革命，而正在遭遇发展瓶颈的互联网，将元宇宙视作必然的发展趋势。技术引领潮流，舆论和市场也会随之牵动。随着元宇宙技术的不断发展，其受到的关注会越来越多，对元宇宙知识普及的需求也越来越大。早在 2006 年，笔者还在曼彻斯特大学求学时，学生们就在使用《第二人生》（*Second Life*）来开展虚拟毕业典礼和虚拟校园活动，很多学校都建立了虚拟校园，每个学生都有一个自己的“化身”来开展各类交流活动甚至网购，线下学生们也经常在一起讨论各个“阿凡达”的装饰与神态，激发了我对该领域的研究兴趣。当前，我国在元宇宙领域中的相关发展实际上已走在世界前列，因此我认为很有必要编写一本中国的元宇宙著作。本书既是元宇宙前沿著作，也是一本元宇宙的科学普及读物，旨在用通俗易懂的语言向除元宇宙产业相关人员和元宇宙研究人员之外的社会大众，全面系统地介绍元宇宙的各个方面，特别是在内容上立足中国实际，突出中国特色，传播中国声音，构建知识体系，帮助社会大众快速构建对元宇宙的基础认知，以更理性的态度、更科学的方法对待这场新的技术革命。

本书共分为三个部分，第一部分以科幻小说和科幻电影中的元宇宙作为切入点，对元宇宙的起源和演化进行了详尽的梳理，并采用两个游戏实例来进一步阐述元宇宙的相关概念；第二部分从现实角度出发，系统分析了元宇宙兴起的客观背景与发展条件，介绍了元宇宙各技术要素的原理、应用及其在元宇宙内的融合；第三部分阐述了元宇宙的发展现状，进一步对元宇宙未来的应用场景、技术福利进行了描绘和解释，同时也指明了元宇宙当前各发展要素所处的现实阶段及其所面对的发展阻力，并对元宇宙能够带来的各方面的影响及其发展风险进行了分析，最后对元宇宙的发展进行展望与总结，并提出笔者的个人建议。总的来看，本书不是针对元宇宙某个方面的简单介绍，而是从元宇宙的起源与未来、底层架构到前端应用等各个方面，对元宇宙的发展进行了详尽且客观的阐述，希望能够在带领读者走进元宇宙的同时，引发读者对元宇宙的思考，进一步帮助读者享受元宇宙的时代红利并从容应对新技术的挑战。

本书的写作动机、资料收集与完稿过程，离不开前辈们的鼓励，也离不开中国人民大学数字经济与商务协作实验室团队师生的大力支持。在这里，我要感谢中国人民大学副校长杜鹏教授，杜老师从数字社会的视角给了我重要的方向启迪；感谢中国人民大学交叉科学研究院院长杨东教授，杨老师从元宇宙视角与交叉科学发展研究上给了我极大激励；感谢中国人民大学信息学院副院长、中国人民大学智慧养老研究所所长左美云教授，左老师在智慧医养交叉领域给了我重要的引领，特别是左老师鼓励了我，让我有了出版一本元宇宙前沿著作的想法；感谢中国人民大学商学院毛基业教授，毛老师在多个场合对我的数字经济与数字商务研究给予了宝贵的建议与支持；感谢中国人民大学元宇宙研究中心主任、中国人民大学商学院王刊良教授，王老师亦师亦友，在人机协作与智慧技术创新领域一直给我指导与帮助，每一次与王老师的谈话都能让我产生知识创新的灵感；感谢中国人民大学信息学院案例中心杨波主任，杨老师在跨学科案例写作上给了我重要帮助，也提升了本书的案例水平；感谢中国人民大学创业学院陈姚副院长，陈老师在数字创新与创业领域给了我重要鼓励；感谢中国人民大学信息中心副主任许伟教授，许老师在智慧教育与区块链领域给了我重要启发。正是各位前辈对我的不断鼓励与指导，才有了本书的完成。我要衷心感谢中国人民大学信息学院、中国人民大学明理书院、中国人民大学新闻学院、国家高端智库中国人民大学国家发展与战略研究院、中国人民大学交叉科学研究院的领导与同事，对我在全校首门元宇宙新生研讨课程的开设、元宇宙学界与企业界论坛分享、元宇宙媒体文章的发表、元宇宙研究团队的组建上给予莫大支持与帮助；感谢实验室团队成员张晓玲、王天姿、高璐、关云天、许玥、刘婉欣的支持。最后，感谢中国人民大学出版社对本书的高度重视，使得本书能够快速出版。

元宇宙时代已经到来，让我们拭目以待，且看未来，元宇宙给我们的工作生活带来的红利。

程絮森

目　录 · CONTENTS

第一部分　从科幻中走来

第二部分 应运而生——元宇宙元年何以开启

第三部分 未来已来——写在元宇宙落地前

第一部分

P A R T 1

从科幻中走来

第 1 章 / *Chapter One*

延展的时间轴——元宇宙诞生与演化

要问 2021 年最时髦的词汇是什么，“元宇宙”（Metaverse）应该算得上是其中一个了。2021 年 11 月 25 日，柯林斯词典发布 2021 年度流行词汇的入围名单，元宇宙榜上有名。谷歌趋势的数据显示，在 2021 年 10 月 29 日——脸书（Facebook）的首席执行官（CEO）宣布公司将正式改名为 Meta 的日子，Metaverse 的流行度激增至 25，Meta 的流行度甚至一度达到最高值 100，元宇宙的概念可谓红极一时（见图 1-1）。以脸书改名为基点，全球科技巨头纷纷跑步进入元宇宙的世界。与此同时，许多专家也将 2021 年定义为元宇宙的元年。元宇宙如此火爆，甚至可能成为学术研究、产业发展以及金融投资的下一个风口。但是，元宇宙究竟是什么？从何而来？朝哪些方向发展？

又会给社会带来哪些变化？这些问题还需要我们静下心来仔细思考。

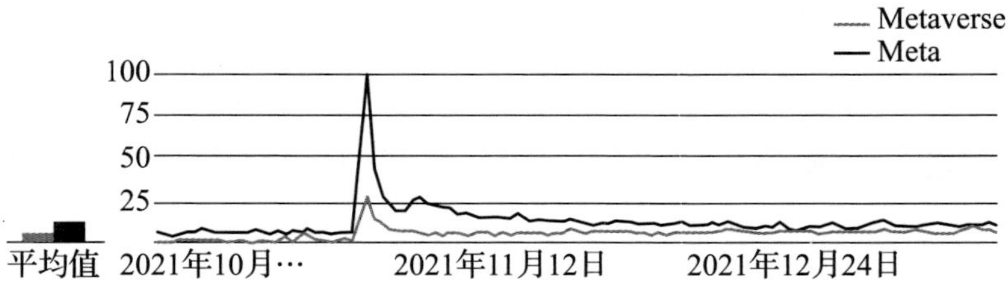

图 1-1　元宇宙相关的谷歌趋势

资料来源：https://trends.google.com/.

在本章，我们首先以科幻小说和科幻电影中的元宇宙作为切入点，对元宇宙的起源和演化进行详尽的梳理，读者可以通过文字和画面描述畅想元宇宙的初步景象，感受作家笔下和导演眼中元宇宙的魅力；接着，介绍元宇宙的发展历史，阐述元宇宙的相关概念并提炼元宇宙的内核，通过几组数字总结元宇宙的特性和架构；最后，说明各国对元宇宙的态度以及建设进程。希望通过本章的介绍，读者能快速了解元宇宙的概况，初步理解元宇宙的运行逻辑。

想象元宇宙：科幻小说中构建的元宇宙

“元宇宙”这个词对一些人来说还比较陌生，因为他们可能是在 2021 年 10 月 29 日脸书改名为 Meta 之后才知道这个词。但其实，元宇宙并不是一个全新的名词，或者说它由来已久。元宇宙概念的诞生最早可以追溯到 1992 年。这一年，美国作家尼尔·斯蒂芬森出版了著名的科幻小说《雪崩》（*Snow Crash*），这是第一本以网络人格和虚拟现实的初步暗示为特色的赛博朋克小说。《雪崩》中描述了一个平行于现实世界的“Metaverse”，书中译为元界或超元域，引申过来即为我们今天所说的元宇宙。绝大多数人都认为这是元宇宙概念的首次提出。斯蒂芬森假设：未来通过设备与终端，人类可以联结进入计算机模拟的虚拟三维“现实”，现实世界的所有事物都被数字化复制，人们可以通过数字分身在虚拟世界中做任何现实生活中的事情，并且在虚拟世界中的行为还会影响现实世界。现实世界所能拥有的一切都可以在元宇宙里实现，甚至在现实世界无法完成的事情也可以在元宇宙中完成。

《雪崩》的故事设定在 21 世纪网络信息科技高度发达的美国洛杉矶，它讲述了计算机怪才阿弘的双重生活：在现实世界中，他是比萨外卖配送员，但在虚拟世界 Metaverse 中，他是顶级的黑客高手。书中的“雪崩”则是一种病毒，在未来世界里这种病毒不仅能在网上传播，还能在现实生活中扩散，造成系统崩溃和头脑失灵，主人公阿弘面对的就是这种恐怖危机。

《雪崩》中故事的展开借助于上面我们提到的一个称为超元域的虚拟现实而非物理现实，它是早期由黑客编写的计算机程序，能够向人们提供虚拟的社会交流空间。超元域依靠全球光纤网络供大众使用，由电脑将其描绘在用户的目镜上。在超元域中，开发商可以在主干道——大街上修建办公楼、商店、公园、标志牌或者现实中并不存在的东西。同时，来自世界各地的人都可以通过化身——3D个性化建模聚集在超元域中进行社交互动。

我们来欣赏一段《雪崩》中对于超元域的精彩描写。

现在，阿弘正朝「大街」走去。那是超元域（元宇宙）的百老汇，超元域的香榭丽舍大道。它是一条灯火辉煌的主干道，反射在阿弘的目镜中，能够被眼睛看到，能够被缩小、被倒转。它并不真正存在，但此时，那里正有数百万人在街上往来穿行。「计算机协会全球多媒体协议组织」的忍者级霸主们都是绘制电脑图形的高手，正是他们精心制定出协议，确定了大街的规模和长度。大街仿佛是一条通衢大道，环绕于一个黑色球体的赤道之上，这个球体的半径超过一万千米，而大街更是长达六万五千五百三十六千米，远比地球赤道长得多。……这条大街与真实世界唯一的差别就是，它并不真正存在。它只是一份电脑绘图协议，写在一张纸上，放在某个地方。大街，连同这些东西，没有一样被真正赋予物质形态。更确切地说，它们不过是一些软件，通过遍及全球的光纤网络供大众使用。当阿弘进入超元域，纵览大街，当他看着楼宇和电子标志牌延伸到黑暗之中，消失在星球弯曲的地平线之外，他实际上正盯着一幕幕电脑图形表象，即一个个用户界面，出自各大公司设计的无数各不相同的软件。若想把这些东西放置在大街上，各家大公司必须征得「全球多媒体协议组织」的批准，还要购买临街的门面土地，得到分区规划许可，获得相关执照，贿赂检查人员，等等。这些公司为了在大街上营造设施而支付的钱全部流入由「全球多媒体协议组织」拥有和运营的一项信托基金，用于开发和扩充机器设备，维持大街继续存在。

除了可以在超元域中搭建类似现实世界的设施外，人们还可以在超元域中拥有化身。化身的面部表情与真实世界中人类的表情极其相似，甚至肢体语言也几近相同，使得虚拟空间超越了现实物理空间的阻碍，实现了类似于真实世界的社会交往。在《雪崩》中，斯蒂芬森是这样描述化身之间的社交互动的：

只需问问日本分区里的那些商人就能明白其中的奥妙。他们在这儿与来自世界各地的西装客正正经经地谈生意，觉得这种方式跟面对面交流一样好。……他们总是专注于对方的面部表情和肢体语言，以此来了解一个人的脑袋里正在转什么念头。从水汽中凝出露珠。

《雪崩》中对于元宇宙的想象和描述在科幻小说界引起了空

前的轰动，启发了目前人们对元宇宙的大规模建设，同时深刻地影响了其他科幻作家对于未来世界的想象，成为元宇宙科幻小说中不可忽视的重要篇章。

随着互联网的兴起，除了斯蒂芬森以外的其他科幻作家也开始关注科技的力量，大家都意识到互联网将对人类社会产生巨大影响，甚至会开辟一个新的世界。美国科幻文学的创派宗师威廉·吉布森早在 1984 年就敏锐地嗅到了电子时代的新气息，基于计算机和当时的人工智能创作了《神经漫游者》三部曲，开创性地提出了“赛博格”的概念。该三部曲在科幻小说届引起了巨大的轰动并成了赛博朋克的“圣经”，吉布森也因此被冠以“赛博朋克运动之父”的美称。20 世纪 90 年代初，互联网开始向民用化发展并逐渐形成覆盖全球的网络，无数年轻人在网络上尽情冲浪，利用网络探索外面广阔的世界。微软公司前 CEO 比尔·盖茨在《未来之路》一书中向读者描绘了网络世界中信息高速公路的全部面目；麻省理工学院媒体实验室创办人尼拉斯·尼戈洛庞蒂的《数字化生存》被称为“智能时代”的说明书，书中进一步将网络化生活上升为人类未来生活的一种方式。进入 21 世纪，大数据、移动互联网、人工智能逐渐兴起，数据空间、数据世界、智能社会等新概念层出不穷。近年来，随着 VR、AR 等技术逐渐走向成熟，人们又研究出了具有高度沉浸性、互动性和体验性的虚拟世界，于是，虚拟空间逐渐走进人们的生活。为什么这些概念和想法都先后得到社会关注，并被学术界热烈讨论甚至开始被产业界投入实践，而唯独元宇宙停留在科幻小说中近 30 年的时间？为什么元宇宙会在 2021 年突然火爆，甚至连作者自己都没有想到他笔下的元宇宙会成为一种空前的现象、一个投资的风口，而且很有可能成为刻画未来世界的一个关键词？网络空间、数字空间、数据世界、虚拟空间等相继出现的概念与元宇宙又有怎样的关系？

先于或晚于元宇宙的诸多概念之所以会先后得到响应，原因在于它们是某一项革命性的新技术给人们的世界观和认识论在特定层面带来变革的集中体现，即使用单一技术就能够实现愿景。例如，网络空间对应网络技术的出现而创造的线上生活方式，数字空间对应因数字化或数据化技术的研发而形成的数据世界，赛博空间则对应网络化、数据化之后人类与电子机械融合而形成的空间，这正是吉布森在《神经漫游者》一书中提出的新概念。由此可见，其他概念涉及的大多是单一技术，而斯蒂芬森想象的元宇宙更为复杂、深刻，也更加难以实现，需要更多的技术支持。正因如此，当其他概念都基本得到传播和普及时，元宇宙却沉寂了近 30 年。2021 年，元宇宙之所以突然火爆，主要是以往所说的各种单一空间已难以描述未来复杂的数字化信息时代，因此，需要一个更具综合性并能实现统一的概念和理论框架。应用元宇宙这一概念，可以把过去各种分散、单一的概念和构想统一到一个大框架之中。同时，开展元宇宙所需要的各项新技术已经逐渐成熟，于是，Roblox、脸书等公司能够应用元宇宙这一概念框架开展活动，元宇宙在这些科技巨头的带领下也迅速火爆。

讲完了元宇宙从沉寂走向火爆的深层原因，我们再将目光转回到科幻小说当中的元宇宙。其实，除了元宇宙的开山鼻祖——《雪崩》的作者斯蒂芬森之外，还有很多科幻作家也对元宇宙进行了描绘。比如，我们所熟知的我国著名科幻作家刘慈欣，他被称为“中国第一位元宇宙架构师”。在他的巨作《三体》中，最让人津津乐道的脑洞之一便是三体游戏，这便是对元宇宙世界的一个描述。进入三体游戏必须穿戴一种称为“V装具”的体感游戏设备，V装具由一个全视角显示头盔和一套感应服构成，这种游戏设备会带给玩家真实的感受，如温度变化、力的作用这些真实的物理体验都可以通过设备传递给玩家，让玩家能够身临其境。举个例子，如果你被打了一拳，你会感觉到真实的疼痛。元宇宙所需的完全沉浸感就如三体游戏中所描绘的一样。回顾曾经的科幻作品，我们会发现以往的幻想很多已成为现实。儒勒·凡尔纳曾在《海底两万里》中想象出鹦鹉螺号，而现实生活中就研发出了潜水艇；《从地球到月球》对于登月的想象，也仿佛是阿波罗登月的预演……就像儒勒·凡尔纳所说：“一个人能够想象出来的东西，另一个人都能把它变成现实。”也许《三体》中对于沉浸式体验装备——V 装具的设想，在不久的将来我们也会逐步实现。

科幻作家用充满奇思妙想的文字赋予了人们对元宇宙的无尽想象，随着电影技术的成熟，艺术家开始尝试通过视觉、听觉等丰富大众对元宇宙的认知，下面我们将一起走进科幻电影中的元宇宙。

具象元宇宙：科幻电影对元宇宙形态的模拟

科幻电影是人们对元宇宙畅想的另一个重要载体。在众多科幻电影中，我们可以看到人们对元宇宙的无限想象和憧憬，虚拟世界、化身、脑机接口、VR……无数元宇宙要素都在科幻电影中得以展现。

《黑客帝国》系列电影自 1999 年上映以来，一直被科幻影迷津津乐道，其中就描绘了元宇宙的形态。在《黑客帝国》的设定中，人们生活在一个看似正常的现实世界，而这个世界实际上是被一个名为“矩阵”（matrix）的计算机人工智能系统控制。人们所处的人类社会，其实是电脑人制作的程序，所有的一切不过是在虚拟世界的投影。而面对这样难以辨别的虚拟世界和现实世界，主人公通过类似脑机接口的设备，在这两者之间不断穿梭。

2021年底,《黑客帝国4》在全球上映,距离第一部上映已经过去20余年。这一系列电影的不断更新也让我们体会到了科技带来的妙处,比如在20多年前的第一部中电影角色穿越时空的对谈,如今通过VR头盔或VR眼镜都已经实现。《黑客帝国》系列电影之所以被人们反复观看,并不在于画面和特效的超前性,而在于对世界的前瞻性的诠释。影片中描绘的元宇宙是极端的,无论是其中所展示的VR技术、虚拟空间等科技视觉,还是人机关系、进化体系等哲学,都能颠覆观众对虚拟世界的认知,启发观众对虚拟世界的思考。但《黑客帝国》中所描绘的虚拟世界与元宇宙还是存在一些不同之处。首先,在《黑客帝国》中,现实世界完全被虚拟世界覆盖了,或者说两者不能同时存在,而在元宇宙中,虚拟世界并不会取代现实世界,两者是平行且融合的关系,人们能够在虚拟和现实之间自由地选择。其次,在《黑客帝国》中,虚拟世界对人们来说是透明的,而元宇宙将是一个巨大的开源项目,人们能够不断地改进和发展它。最后,元宇宙将拥有闭环运行的经济系统、平台统一的货币形式,还可以通过一定比例将该货币"兑换"成现实生活中的货币,而在《黑客帝国》中并没有体现这一点。

电影《盗梦空间》与《黑客帝国》有相似的设定,在电影中,主人公能够借助某种外部设备进入虚拟世界。只不过在

《黑客帝国》中，人物进入的是数字类型的虚拟世界；在《盗梦空间》中，进入的则是他人的虚拟梦境，主人公的身体虽然仍留在物理世界，但精神和意识已经可以自由地穿梭在梦境的虚拟世界中。严格来说，《盗梦空间》并不算是一部典型的元宇宙电影，因为“梦境”并不能等同于元宇宙中的“虚拟世界”，但如果我们拓展一下对元宇宙的理解，那么《盗梦空间》完全有异曲同工之妙。

若干年后，人们对虚拟世界的认识又上了一个台阶。2018 年，史蒂文·斯皮尔伯格导演的电影《头号玩家》上映，这部电影对于元宇宙的描绘就极具代表性。故事设定发生在 2045 年，现实世界一片混乱并处于崩溃的边缘，人们渐渐对现实世界失去了信心，开始将希望寄托于游戏元宇宙中。在电影中，人们可以通过 VR 眼镜进入虚拟世界“绿洲”。在“绿洲”中，可以在赛道上与金刚搏斗，也可以驾驶高达天降正义。这个虚拟世界与现实世界存在强烈的反差，却又让人有非常真实的临场感、沉浸感与体验感。只要戴上设备，就能观你所想、感你所思。“人们来到绿洲是因为可以做各种事，但他们沉沦于绿洲是为了不一样的人生。”在“绿洲”中，每个人都能创造出无限的可能。在《头号玩家》（见图 1－2）中，元宇宙成了未来人类社会的一部分。

图 1-2 《头号玩家》海报

《头号玩家》被认为是目前最接近元宇宙概念的科幻电影。通过 VR 沉浸式装备，玩家能够切身地感受“绿洲”这一虚拟空间的无限繁华与光怪陆离，这激发了大众对元宇宙入口和样貌的期待。与此同时，虚拟生活吞并现实生活、巨头掌控虚拟世界等元宇宙引发的担忧与挑战也在影片中呈现出来，让人们在憧憬元宇宙到来的同时也能多一份冷静的审视与思考。如果你想通过刺激的视觉体验来了解元宇宙，《头号玩家》将是一个不错的选择。

电影《银翼杀手 2049》对元宇宙的启发在于“化身”，这部电影改编自科幻小说《仿生人会梦见电子羊吗?》。在电影设定中，人类与仿生人实现了共生，而仿生人 K 就是一个与人类看起来几乎完全一样、交流和运动自如的仿生机器人，它可以执行人类交予的任务。电影中还出现了全息投影人，通过光场成像，实现看起来与真人一样的视觉效果，通过 AI 等技术可以与人们进行语言交互，这种关于仿生人的设定大有元宇宙中化身的意味。

2021 年上映的科幻电影《失控玩家》从沉浸式游戏的视角，展现了元宇宙应有的雏形和元素。影片主要讲述的是一位银行职员 NPC（非玩家角色），做出了一些违反指令的事情后，成为游戏里的一个 bug（未被发现的缺陷或问题），从此在电子游戏中拯救世界走上人生巅峰的故事。《失控玩家》中存在两个世界，一个是现实世界，一个是虚拟世界。现实世界的人可以通过戴上 VR/AR 眼镜，进入虚拟世界。而这个虚拟世界可以看作继《头号玩家》之后，《失控玩家》为影迷打造的另一片“绿洲”。两部影片虽然内容大不相同，但无一例外都向影迷展示了一个未来的虚拟世界——元宇宙。与《头号玩家》相比，它更像是元宇宙的初期版本。除了对虚拟世界的刻画外，《失控玩家》也对虚拟世界中存在的问题进行了探讨，比如 NPC 作为虚拟世界中不可缺少的一环，能否在元宇宙中实现突破，甚至在功能或情感上自我进化。此外，影片中的游戏主体公司能够控制甚至直接删除游戏，这样的剧情设计也引发了人们对元宇宙去中心化意义的思考。

元宇宙科幻电影的出现让更多人通过视觉、听觉等感官具象地了解了元宇宙的雏形。同时，这些电影也没有只向观众展示虚拟世界美好的一面，也展示了当人们拥有虚拟生活后可能面临的问题与挑战。究竟是启发还是警醒，这需要观众自己思考与判断。如果你迫不及待地想了解元宇宙，闲暇时间看看这些电影或许是个不错的选择。

元宇宙梦想的进阶之路

元宇宙的发展不是一蹴而就的，人类也是经过数十年的时间才逐步揭开它的全貌。虽然元宇宙概念的首次提出是在 1992 年，但是元宇宙入口——VR、脑机接口等技术早已在小说中有所体现。元宇宙的发展历程中融合了书籍、电影、游戏等各种传播载体，也体现了人们从多种途径、角度认识元宇宙。表 1-1 中罗列了元宇宙发展历程中的标志性事件。

表 1-1　元宇宙发展历程中的标志性事件

年份	标志性事件
1981	美国数学家弗诺·文奇在《真实姓名》一书中创造性地构思了一个通过脑机接口进入并获得感官体验的虚拟世界
1984	美国作家威廉·吉布森基于计算机和当时的人工智能创作了《神经漫游者》三部曲，提出赛博格的概念
1992	美国作家尼尔·斯蒂芬森在科幻小说《雪崩》中提出超元域，这被认为是元宇宙概念的首次提出，也是目前元宇宙大规模发展的基础
1999	科幻电影《黑客帝国》，讲述了通过类似脑机接口的设备，在现实世界和虚拟世界之间不断穿梭

续表

年份	标志性事件
2003	虚拟游戏《第二人生》(*Second Life*) 发布，成为元宇宙虚拟游戏的里程碑
2006	虚拟游戏 *Roblox* 发布，是目前最接近元宇宙的游戏载体
2010	科幻电影《盗梦空间》以人的梦境为素材，讲述了人在梦境与现实之中游走并重塑梦境的故事，其可以当作元宇宙的拓展
2018	科幻电影《头号玩家》上映，以 VR 游戏为载体，呈现出现实人物在虚拟世界的抉择与思考，被认为是最接近元宇宙概念的科幻电影
2020	虚拟游戏《赛博朋克 2077》中，玩家通过身体改造实现数字永生
2021	科幻电影《失控玩家》让虚拟世界的机器人拥有人的意识，将元宇宙中人机交互的可能性展现得淋漓尽致

表 1－1 中似乎都是西方国家对元宇宙的思考和认识，但元宇宙在我国的发展也是有迹可循的。有学者认为，元宇宙概念其实早在公元前 300 年就曾提及，道家的庄周梦蝶中描绘的“周与胡蝶，则必有分矣，此之谓物化”，形象地提出了哲学史、思想史上一个非常重要的话题：如何分辨梦幻与现实？这可以说与现在的元宇宙有着跨越千年时空的完美契合。同时，中国古代的哲学六观中也有虚实观的概念。

从上面的描述来看，古人更多地关注哲学层面的元宇宙。而在技术层面，我国科学家对元宇宙也有前瞻性的见解。虚拟现实作为元宇宙实现的基础技术，很早就引起了国内科学家的关注。早在 1990 年，世界著名科学家钱学森在致汪成为的手稿中就曾将虚拟现实译为具有中国味的“灵境”(见图 1－3)，并前瞻性地指出灵境技术可以“扩展人脑的知觉，因而使人进入前所未有的新天地”，而这片新天地或许就与我们今天所说的元宇宙有着共通之妙。

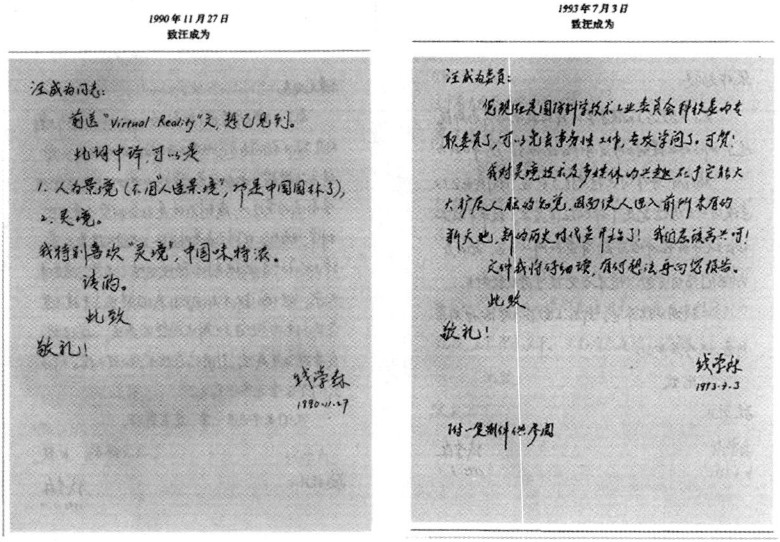

1990年11月27日
致汪成为

汪成为同志：

前送“Virtual Reality”文，想已见到。

此词中译，可以是

1. 人为景境（不用“人造景境”，那是中国园林了），
2. 灵境。

我特别喜欢“灵境”，中国味特浓。

请酌。

此致

敬礼！

钱学森

1990.11.27

1993年7月3日
致汪成为

汪成为委员：

您现在是国防科学技术工业委员会科技委专职委员了，可以免去事务性工作，专攻学问了，可贺！

我对灵境技术及多媒体的兴趣在于它能大大扩展人脑的知觉，因而使人进入前所未有的新天地，新的历史时代要开始了！我们应该高兴呀！

文件我将仔细读，有何想法再向您报告。

此致

敬礼！

钱学森

1993.7.3

附一复制件供参阅

图 1－3　钱学森致汪成为的手稿

到了 2021 年，元宇宙又重回人们的视野，各个国家的企业和组织都在你追我赶地布局和发展元宇宙。历史已成为过去，或许谁能抓住未来的发展机遇才更为关键。

真假难辨的虚拟与现实

《三体》作者刘慈欣曾发表过一段评论：“人类的面前有两

条路，一条向外，通往星辰大海；一条对内，通往虚拟现实。”人类永不熄灭的探索精神似乎昭示着虚拟现实是人类前进方向上的必经之路。

随着数字技术的发展，在游戏世界里，虚拟与现实的边界正变得越来越模糊。2019 年 2 月，棉花糖乐队以虚拟形象举办《堡垒之夜》游戏中的第一场现场演唱会。而后，在虚拟游戏中举办演唱会越来越普遍。2020 年 4 月，美国著名流行歌手特拉维斯·斯科特在《堡垒之夜》中举办虚拟演唱会，这场别样的演唱会吸引了全球超过 1 200 万玩家参与其中，娱乐与游戏的边界开始逐渐打破。疫情期间，加利福尼亚大学伯克利分校为了不让学生因为疫情错过毕业典礼，特意在沙盘游戏《我的世界》里重建了校园，学生以虚拟身份齐聚一堂完成毕业仪式，弥补了未能到校的遗憾。此外，由于无法线下聚会，一些家长在《我的世界》或者 *Roblox* 上为孩子举办生日派对，而很多人的日常社交也变成了一起在《动物之森》游戏中的小岛上钓鱼、抓蝴蝶、串门。虚拟与现实的边界正在慢慢模糊，线上线下的双线生活正在渐渐开启。

2021 年是元宇宙由概念走向流行的年份，虚拟世界也越来越常出现在人们的视野中，两个主要原因值得关注：一个是疫情的现实背景，另一个则是人类精神层面的永恒的创世冲动。

关于疫情的现实背景，清华大学新闻与传播学院新媒体研究中心执行主任沈阳做出了分析。他认为一方面疫情加速了社会虚拟化，在疫情防控措施下，“宅经济”入侵人们的社会生活。根据统计，2020 年 2 月人们每天上网时间可达 8 小时左右，与疫情前相比花费在网络世界中的时间大大增加。另一方面，疫情的常态化也让线上生活由原先短时期的例外状态成为常态，使得更多在现实社会中无法满足的需求转而用线上方式来满足。

具体来说，疫情迫使老年人上网，远离互联网的人群实现在线化；日常工作中，人们更习惯使用线上会议软件开会讨论业务，学生也熟悉了利用腾讯课堂等软件开展在线学习；有了基本的水电气保障、到家电商的流行以及网络信息的充分供给，疫情正推动着宅男宅女的虚拟化生存……这些变化，为 2021 年成为元宇宙元年做了铺垫。

举个例子，假设我们从故宫旅游了一趟回来，如果朋友想知道故宫是什么样子、好不好玩，他最多只能通过手机中我们拍摄的照片和视频隔着屏幕欣赏一下。但是如果进入元宇宙时代，就可以直接把我们所在的位置和空间，包括空间里的三维物体全部分享给朋友，他只需通过相应设备就马上可以进入这个空间，获得与现场参观差不多的感受。像这样基于扩展现实的沉浸式体验，自然会受到欢迎。其实，现在故宫已经推出线上虚拟漫游，但同样，我们只能隔着电脑屏幕欣赏，假装是在“漫游”，这与完全的沉浸式漫游还有很长的距离。

如果说疫情是人类不得不尝试进入虚拟世界的现实原因，那么人类永恒的创世冲动则是人们不断发展虚拟世界的精神支撑。米兰·昆德拉曾说："人永远都无法知道自己该要什么，因为人只能活一次，既不能拿它跟前世相比，也不能在来生加以修正。没有任何方法可以检验哪种抉择是好的，因为不存在任何比较。一切都是马上经历，仅此一次，不能准备。"因此，现实世界是唯一的，它只能"是其所是"，但任何事物的意义只有在比较中才能浮现，没有比较就没有意义。而虚构世界可以"是其所不是"，从而挖掘出存在的多种可能性。在虚拟与现实的比较中，也更能让人感受到生命存在的意义。因此，虚拟一直是人类文明的底层冲动。

基于上述"虚拟现实补偿论"，假定一个文明为了得到补偿而创造虚拟世界的冲动是永恒的，那么在长时段的发展中必然会创造出一个个虚拟世界，其自身所处的世界也极有可能是上层设计者打造的。这就是牛津哲学家和未来学家尼克·波斯托姆等人相信的"世界模拟论"。

人类对于构建虚构世界的冲动一直存在，但随着人类对虚拟世界认识的发展，虚拟世界与真实世界的关系也发生了巨大的转变。法国哲学家让·鲍德里亚区分了人类仿真历史的三个阶段：第一阶段是仿造。在仿造阶段，人们认为现实世界中才存在价值，虚拟世界要模拟、复制和反映自然世界。真实的摹本与它的仿造物泾渭分明、不可混淆。第二阶段是生产。在生产阶段，价值受市场规律支配，目的是盈利。大规模生产出来的仿造物与真实的摹本具有平等关系。第三阶段是仿真。在仿真阶段，真实融于仿造物构成的超现实之中，真实与仿造的界限消失。作为模仿对象的真实不复存在，仿造物成了新的摹本。

元宇宙是虚拟与现实的全面交织。在元宇宙时代，所有的事物都是虚拟的，所有的事物也都是现实的，虚拟与现实的区分将失去意义。元宇宙不会以虚拟生活替代现实生活，而是会形成虚实二维的新型生活。

对应鲍德里亚的人类仿真历史的三个阶段，元宇宙的构建也可以划分为如图 1-4 所示的三个阶段。

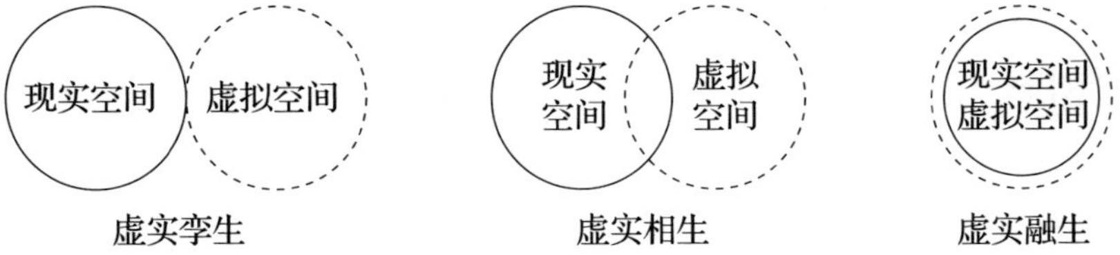

图 1-4　元宇宙的构建阶段

（1）第一阶段——虚实孪生。元宇宙基于数字孪生和仿真模拟等技术，在虚拟空间生成现实空间的镜像，人、物品、环境都能拥有动态孪生体。这个阶段，人们普遍认为在现实中发生的活动才具有价值，虚拟活动是对现实的模拟，现实与虚拟泾渭分明，是两个平行的空间。这一元宇宙构建阶段正好对应人类仿真历史的第一阶段。

（2）第二阶段——虚实相生。随着计算机仿真模拟技术的持续发展，虚拟空间的真实性不断增强。在此阶段，大规模生产的仿造物与真实的摹本具有平等关系。数字技术不仅将虚拟空间变得更真实，还将改造现实空间的生产过程，现实与虚拟相互促进，两个空间逐渐产生更多的交集。这一元宇宙构建阶段正好对应人类仿真历史的第二阶段。

（3）第三阶段——虚实融生。当元宇宙达到成熟阶段，现实将融于虚拟空间创造出的超现实之中。作为模仿对象的现实不复存在，而仿造物将成为原本没有的事物的摹本。因此，虚拟空间的范围将大于现实空间，更多现实中没有的场景将在虚拟空间中出现。这一元宇宙构建阶段正好对应人类仿真历史的第三阶段。

从共识中提炼元宇宙内核

元宇宙的概念虽然在 1992 年就开始崭露头角，但直到 2021 年才开始受到大范围的关注，在学术研究、金融投资、产业发展等各个领域都激起了层层热浪。时至今日，仍有不少人对元宇宙的概念存在误解，甚至认为元宇宙只不过是在线电子游戏。

脸书的创始人扎克伯格认为："元宇宙是个跨越许多公司甚至整个科技行业的愿景，你可以把它看作移动互联网的继任者。"人工智能计算的引领者、英伟达（NVIDIA）的 CEO 黄仁勋认为："现实世界和元宇宙是相连接的。"

元宇宙究竟是什么？从字面来看，Metaverse 由 Meta 和 Universe 两个单词组合而成。Meta 在希腊语和英语中具有"超越""元""在……之上""在……之后"等含义，这些含义归纳起来可以大致分为两种：一种是"元"，另一种是"超"。当 Meta 取"元"的意思时，可以理解为"源"，即追问某事物的根源或起始。按照这种理解方式，元宇宙意味着要探索宇宙的起源，要搞清楚宇宙从何而来、怎么形成，但我们现在所说的元宇宙并不是要探索宇宙的根和本，因此将元宇宙理解为"源宇宙"是有失偏颇的。如果按照第二种理解，将 Meta 译为"超"，元宇宙就可以被解释为超越自然宇宙。超越是指在继承的基础上超过，Metaverse 则意味着在自然宇宙背后还存在一个数字（影子）宇宙，即所谓的数字平行宇宙，人们要超越自然宇宙进入数字宇宙，超出自然宇宙的限制并在自然宇宙与数字宇宙之间穿行。因此从词语解释的角度来看，Metaverse 可以理解为一种未来的新宇宙，这个新宇宙同时包含现实世界和虚拟世界，两者属于平行且融合的关系。

许多专家学者也在密切关注元宇宙，他们对元宇宙给出了自己的理解，这里介绍一些学者对于元宇宙的定义。

清华大学新闻与传播学院沈阳教授这样定义元宇宙："元宇宙是整合多种新技术而产生的新型虚实相融的互联网应用和社会形态，它基于扩展现实技术提供沉浸式体验，以及数字孪生技术生成现实世界的镜像，通过区块链技术搭建经济体系，将虚拟世界与现实世界在经济系统、社交系统、身份系统上密切融合，并且允许每个用户进行内容生产和编辑。元宇宙仍是一个不断发展、演变的概念，不同参与者以自己的方式不断丰富着它的含义。"

北京大学陈刚教授、董浩宇博士这样定义元宇宙："元宇宙是利用科技手段进行链接与创造的、与现实世界映射和交互的虚拟世界，具备新型社会体系的数字生活空间。"

通过对元宇宙的分析，我们认为，所谓元宇宙是指与当前现实世界平行且融合，并能与现实世界实现高度交互的虚拟世界。因此，人类就可以超越现实世界的限制，在虚拟的数字世界中充分发挥各种创造性并追求自由。所以，元宇宙在更大层面上的意思是超越自然宇宙，即人类既要继承、生活在自然宇宙之中，又要充分发挥主观能动性来利用数字宇宙跨越自然宇宙的限制，实现人的自由。

一千个人眼中，就有一千个元宇宙。虽然到目前为止还没有关于元宇宙的统一定义，但还是有一些核心属性可以用来识别它。

（1）持久性。元宇宙永远不会重置、暂停或结束，而是会无限期地运转下去。也就是说，元宇宙一旦开启，就没办法像电脑一样，按下停止按钮，就立刻停止运行。

（2）同步性和实时性。就像在现实生活中一样，元宇宙将是一种真实的体验，对每个人来说都是持续存在的，而且是实时发生的。

（3）对并发用户没有任何上限。元宇宙可以同时为多个用户提供个人的“存在感”——每个人都可以成为元宇宙的一部分，用户的数量不受限制。同时，每个人都可以在同一时间以个人名义共同参与某一特定的事件、活动。

（4）作为一个全面运转的经济体。个人和企业能在元宇宙中创造、拥有、投资、销售，并因能够创造他人认可的价值而获得奖励。

（5）作为一种跨越数字和物理世界、私人和公共网络以及开放和封闭平台的体验。

（6）提供前所未有的数据、数字项目/资产、内容等的互操作性。例如，A 游戏中的游戏皮肤也可以用来装饰 B 游戏中的人物，或者通过脸书赠送给朋友；B 游戏中的货币可以在 A 游戏中进行消费。互操作性也是扎克伯格描述的元宇宙八大要素之一。

（7）由非常广泛的贡献者创造和运营的内容和经验所填充。其中一些内容是由独立个人创造的，而其他内容可能是非正式组织的团体或以商业为重点的企业创造和经营的。

当前，关于元宇宙的概念、定义都还在持续的争论之中，从不同视角分析会得到差异极大的结论，但元宇宙所具有的基本特征已得到业界的普遍认可。随着元宇宙的持续发展，人们对元宇宙的认识也会更加充分。

头脑风暴的旋涡：元宇宙理论框架

随着人们对元宇宙的认知逐渐加深，元宇宙的一些特质和组成要素也被总结出来。在这里我们主要介绍“元宇宙概念第一股”——Roblox 公司总结的构成元宇宙的八大要素、扎克伯格提出的构建元宇宙所需的八大要素以及乔·拉多夫提出的元宇宙七层结构。

Roblox 公司总结的构成元宇宙的八大要素

元宇宙的概念虽然抽象，但作为“元宇宙概念第一股”的 Roblox 公司给出了元宇宙的八大要素：身份、社交、沉浸感、低延迟、多元化、随地、经济系统、文明，如图 1-5 所示。

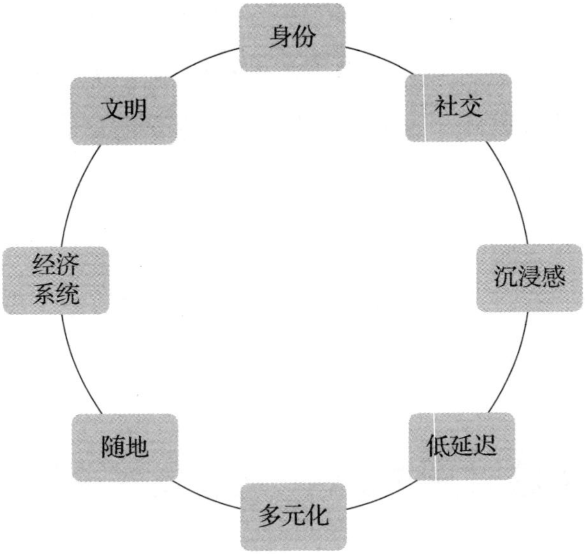

图 1－5　Roblox 公司总结的构成元宇宙的八大要素

（1）身份。身份是用户在元宇宙中的标识。在元宇宙中，用户可以拥有一个全新、任意的虚拟身份，这个身份与用户在现实世界中的身份无关。每个用户都将以“数字人”的身份进入虚拟世界，可以是任何人，可以是教师，可以是歌手，甚至可以与总统成为朋友。

（2）社交。亚里士多德曾在《政治学》里提到，从本质上讲，人是一种社会性动物；那些生来离群索居的个体，要么不值得我们关注，要么不是人类。人是社会性动物，社交则是人类不可或缺的社会性活动。像 *Roblox* 这样作为元宇宙载体的虚拟游戏，就充分注意到了用户对于社交的需求。在 *Roblox* 中，没有结构性的任务，没有人为设定的目标，社交才是游戏的主题，人们只需要像在现实生活中一样聊天、游玩。

（3）沉浸感。元宇宙需要沉浸感，即具备对现实世界的替代性。VR 和 AR 等高科技设备就是我们打开元宇宙大门的钥匙。但如果简单地认为元宇宙就是 VR 和 AR 设备背后呈现的虚拟世界，就过于片面了。真实的元宇宙世界强调沉浸式体验，力图打破虚拟与现实的屏障，将虚拟与现实进行混合，达到真假难辨的效果。

（4）低延迟。元宇宙要求高同步低延迟，用户可以获得实时、流畅的完美体验。5G 技术近两年进入发展期，而这项技术正好对应了低时延。随着 6G 等更高质量的通信技术的研发，相信不久的将来我们就能感受到元宇宙低延迟带来的真实感与临场感。

（5）多元化。元宇宙有一个不容忽视的概念：用户生成内容（UGC）。在元宇宙中，用户不再是简单的体验者，而转变身份，成为元宇宙的内容生成者。用户无穷的创造力是元宇宙多元化发展的不竭动力。

（6）随地。这一要素要求人类在未来能摆脱时空的限制，实现随时随地进入元宇宙的愿景。然而目前 VR/AR 设备以及触觉手套等让我们获得沉浸体验感的设备还不便于随身携带，进入虚拟世界仍受限于现实世界的设备。要实现元宇宙融入日常生活，还有很长的路要走。

(7) 经济系统。元宇宙想要作为独立于现实世界的虚拟数字世界，就需要有与现实世界中类似的独立经济系统，每个人都将拥有属于自己的虚拟数字资产。元宇宙的数字资产不同于一般游戏世界中的装备、皮肤和金币，不仅适用于某一个游戏世界，还能在元宇宙世界中流通，同时可以兑换为现实货币。

(8) 文明。人类文明已经是古老的存在，而数字文明还在飞速发展。人类何时构筑起元宇宙的文明，就何时跻身真正的“元宇宙时代”。

扎克伯格提出的元宇宙八大要素

扎克伯格提出的元宇宙八大要素（见图 1-6）包括：身临其境感、虚拟形象、家庭空间、远距离传输、互操作性、隐私安全、虚拟物品、自然界面。

(1) 身临其境感。身临其境感即沉浸式体验。现有的 5G 技术和正在研究的 6G 技术为身临其境感提供了实现的技术基础。6G 是通信、感知、计算三方融合的颠覆性创新技术。6G 网速理论上能达到 1TB/秒，传输能力比 5G 提升 100 倍，网络延迟将从毫秒级降至微秒级。如果能将 6G 技术应用于元宇宙，我们就离身临其境更近了一步。

(2) 虚拟形象（avatar)。“avatar”一词源自两个梵文的组

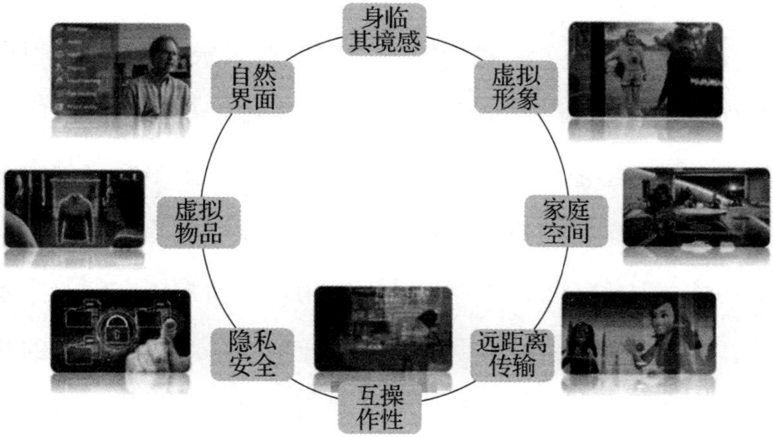

图 1－6　扎克伯格提出的元宇宙八要素

合，“ava”有后裔或超越的意思，“tar”则表示向下或人间，两者的合体“avatar”就带有“化身、具体化、体现、替身”之意。在元宇宙中，化身指的是个性化 3D 虚拟形象，可以通过用户实时的面部表情、肢体动作与语音进行驱动。例如，iPhone 最早推出的 Memoji，通过捕捉用户面部关键点进行虚拟重建，也支持用户自定义捏脸。类似地，小红书推出了一款现象级的身体重建产品——3D 躯体可视化工具（3D body visualizer），支持用户根据自己实际的身高、体重、运动频次等属性重建 3D 虚拟身体。可以期待未来每个人在数字孪生的空间中拥有自己的另一个形象，由现实中的自己驱动虚拟世界中的自己与世界和他人交互；同时，也可以灵活定制各类虚拟人物形象，实现虚拟偶像代言人、虚拟主播、虚拟教师等创新互动场景。

（3）家庭空间。家庭空间是元宇宙假设成立的“人、物、场”当中的场。当用户完全沉浸到元宇宙中时是看不到真实空间的，但用户还是会在真实空间中进行活动，家中摆放的家具就可能会让活动的用户发生意外。此外，环境的差异会产生不同的声场，因此空间音频也会是影响用户判断物体方向的重要部分。苹果在其产品上竭力发展空间音频（spatial audio）的基于三维空间方位的声音交互，可以猜测其目的也是打造更加真实的元宇宙。

（4）远距离传输（隔空传送）。隔空传送这个词最早出现在科幻小说中，指的是把人或物从一个地方瞬间移动到另一个地方。扎克伯格认为通过元宇宙可以很容易地实现隔空传送。这里最重要的就是临场感、沉浸感，一切交互都必须是实时的，数据上传/下载、算法计算等都必须以毫秒级别进行，只有高可靠、低时延、大并发、高带宽的计算能力才能支撑。同时，隔空传送主要依赖的 VR 头显不能过重，因此边端协同极为重要。

（5）互操作性。元宇宙接入的设备种类各式各样，我们在元宇宙中也需要操作现实中的设备，如何实现多设备之间的互联互通？例如，在元宇宙中开会时，我们打开现实生活中的电脑以及相应的 PPT 并投屏到元宇宙会议室屏幕上，以便大家可以一起讨论。又如，我们在决定墙面上究竟要挂哪一张装饰画时，可以把手机上的装饰画照片分享到元宇宙场景中，这样大家就可以提前看到装饰画实际挂在墙上的样式、大小、比例、光影。这些都是元宇宙能成立的基础功能。

元宇宙需要多种设备的支持，但是每种设备在输入方式和交互方式上都存在巨大的差别。比如，笔记本电脑的主要人机交互方式是通过键盘和鼠标来单击、双击、拖拽、滚动，手机与平板电脑的人机交互方式主要是通过点击、滑动、长按屏幕等，而在 VR 场景中的交互方式又变成了用手势和手柄指向、捏、拿等。如何让这些不同的设备除了数据层面的互联互通，还能做到交互层面的无缝衔接，这应该是元宇宙的产品设计者需要考虑的最核心的问题与难点之一。

（6）隐私安全。元宇宙的个体不是传统互联网意义上的账号、密码，而是与真实世界个体 1∶1 的数字孪生个体，真实世界个体的生物信息等都会承载于此。如果信息被盗取，会不会有冒充、顶替身份的现象出现？因此，保护个人隐私和数据安全仍是今后元宇宙发展最为迫切的难题。

（7）虚拟物品。虚拟物品是指虚拟网络世界衍生出的物品，包括游戏币、游戏装备等。比如，能为虚拟化身购置漂亮的衣服，用精美的家具装点你在虚拟世界中的家园。

（8）自然界面。扎克伯格计划发布一款手表，通过佩戴该手表，用户只需手写相关字母就可以实现文本的输入，与我们现在的输入方式有很大不同。可以猜到，便捷、简约、交互性良好的自然界面设计也将成为未来元宇宙的必备元素。

乔·拉多夫提出的元宇宙七层结构

美国游戏开发商毕姆宝公司（Beamable）的创始人乔·拉多夫认为，元宇宙由从外到内的七个层面构成，如图1-7所示。

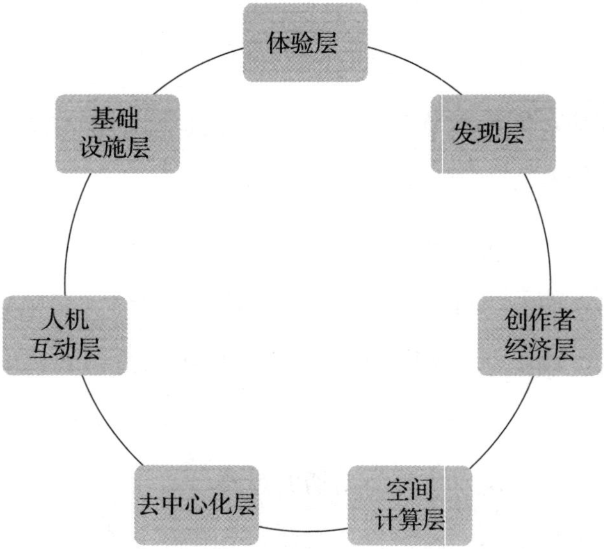

图1-7　乔·拉多夫提出的元宇宙七层结构

（1）体验层。体验层是人们在元宇宙中的实际参与层，主要是指用户层面。作为元宇宙的最外层，体验层通过游戏、社交、运动、电影、购物等活动帮助人们了解、感受元宇宙的存在。

（2）发现层。发现层主要是指用户可以了解体验层的途径，聚焦于把人们吸引到元宇宙的方式，如广告网络、社交、策展、互评、商店、代理商等。

（3）创作者经济层。创作者可以赋予元宇宙新的内容并从中获利，这一层主要包含创作者用以创造人们想要体验的工具和技术，包括设计工具、资产市场、工作流、商业贸易等。

（4）空间计算层。空间计算层提出了混合真实、虚拟计算的解决方案，打破了真实世界与虚拟世界的障碍。

（5）去中心化层。去中心化是指将系统内的内容从权威机构向外界转移，如突破“围墙花园”的限制。任何一个节点都有可能成为阶段性的中心，平等性、开放性、扁平化成为新的常态。去中心化层主要包括边缘计算、AI 代理、微服务、区块链等。

（6）人机互动层。人机互动是人与机器的交互，主要包括数据互动、图像互动、语音互动、行为互动。在人机互动中，人类需要通过移动设备、智能眼镜等与虚拟世界相连。

（7）基础设施层。基础设施包括能够支持元宇宙正常运转的网络、设备及相关技术。最核心的基础设施是下一代移动设备、物联网、5G 乃至 6G 网络、可穿戴设备。

元宇宙认知层次

2020年被众多学者和专家看作人类社会虚拟化的临界点。在2020年前后，人们对于“虚拟”的认知发生了巨大改变，人们开始逐渐意识到虚拟的并不是虚假的，更不是无关紧要的。

人们对于元宇宙的认知由浅入深可以划分为以下九个层次，见图1-8。

1 · 元宇宙是一场炒作
2 · 元宇宙是沉浸感强的虚拟游戏
3 · 元宇宙是下一代互联网
4 · 元宇宙是互联网的终极形态
5 · 元宇宙是数字虚拟世界
6 · 元宇宙是后人类社会
7 · 元宇宙是人类社会的终极形态
8 · 元宇宙是我们迈向社会终极形态的形态
9 · 元宇宙是物质与意识的统一场

图1-8　元宇宙认知的九个层次

第1层认知，元宇宙是一场炒作，是经过精心包装的名词，并无实际价值。如特斯拉CEO马斯克说：“我小的时候，一直被教育别坐得离电视太近，会伤害眼睛。但现在，人们却要把电视放在鼻子上（暗指带着 VR/AR 头显）。”他在一档谈话节目中坦言，他并不看好元宇宙，他认为所谓的元宇宙，不过是个流行的营销术语罢了。

第 2 层认知，元宇宙是沉浸感强的虚拟游戏。目前已知的元宇宙平台的确是以虚拟游戏为基础，但虚拟游戏并不是元宇宙的全部，我们不能将元宇宙与虚拟游戏等同，所以第 2 层认知也是有失偏颇的。

第 3 层认知，元宇宙是下一代互联网。我们知道，第一代互联网是 PC 互联网，需要通过电脑连接网络，交互的工具就是键盘和鼠标。第二代互联网是移动互联网，主要的上网工具变成了手机，经过按键手机的迭代后，现在的智能手机主要用触屏的方式来进行交互。而随着 VR 和 AR 技术逐渐成熟，我们可以头戴 VR 和 AR 设备来上网，这就进入了第三代互联网，称为头戴式互联网。但是这个名字不太容易记，也不太好听，所以我们美其名曰元宇宙。

第 4 层认知，元宇宙是互联网的终极形态。很多人认为，互联网发展到极致就是元宇宙。但是历史的车轮滚滚向前永无终点，元宇宙也只是互联网发展的一个阶段。

第 5 层认知，元宇宙是数字虚拟世界。这一层认知确实站得住脚，元宇宙确实与人类的精神世界息息相关。它能够把我们的所思所想用三维立体的方式完整呈现出来。从这个视角来看，我们可以通过元宇宙将头脑中的设想构造成一个新的世界。

第 6 层认知，元宇宙是后人类社会。在元宇宙时代，人类可以在大脑中植入芯片，实现硅基生命和碳基生命融合，开启人类社会的新纪元。

第 7 层认知，元宇宙是人类社会的终极形态。上面我们提到过，科幻作家刘慈欣提出："人类的面前有两条路，一条向外，通往星辰大海；一条对内，通往虚拟现实。"对于虚拟现实的这种向内追求，是建立在心理学的基础之上的。因此，心理学很有可能是元宇宙的基础学科，就像物理学是物理世界的基础学科一样。

第 8 层认知，元宇宙是我们迈向社会终极形态的形态。在这种形态之间，每个人的生命交织在一起。

第 9 层认知，元宇宙是物质与意识的统一场。在元宇宙时代，物质和意识的区分会变得模糊，意识可以直接变成物质。

目前，绝大多数人还处于浅层次的认知，并将在一段时间内保持这种状态。我们不能说浅层次的认知就一定是错误的，但是如果大部分人都能加深对元宇宙的认知，对元宇宙的未来持乐观的态度，那么必将更加有助于元宇宙的发展。

元宇宙中的信任问题

元宇宙带来了一系列机遇，同时一些可以预见的问题也接踵而至。首先受关注的就是数据安全和个人隐私问题，后来引申为社会大众对于元宇宙的信任问题。

个体隐私数据是支撑元宇宙持续正常运转的底层资源，随着人们在元宇宙中不断参与活动，个体数据也需要不断更新和扩张。但在元宇宙中，数据资源如何进行合理、合法的收集、存储与管理仍然有待探讨。许多广为人知的涉及个人身份的数据泄露事件表明，集中式平台以数字方式存储的信息从来都不是真正安全的。虽然在理想化中，元宇宙是高自由度、高开放度、高包容度的“类乌托邦”世界，但是作为各种社会关系的超现实集合体，其中的道德准则、权力结构、分配逻辑、组织形态等复杂规则也需要有明确定义和规范。

在元宇宙中，我们将通过数字身份来表达自我，并实现与现实朋友、游戏朋友的互动。但是，我们的身份如何认定？由谁来认定？我们在元宇宙上购买的资产如何认定？谁来决定资产的认定？公平与否？若发生纠纷，如何解决？

这些问题的提出表明元宇宙中的信任是一大挑战，在元宇宙世界持续发展下，未来必定会面临“信任选择”的问题。若想保持元宇宙的正常运转，就必须制定一套完善的信任机制——区块链信任机制。区块链的特性允许所有此类交易都是安全、公开和不可逆转的，从而将控制权和权利交到用户手中。这里只讨论我们在元宇宙中面临的信任问题，关于区块链技术的讲解将在后续章节中涉及。

各国对待元宇宙的态度

美国：率先提出“元宇宙”概念，监管机构重点关注数据安全

美国人的想象力非常丰富，对于未来的自信和乐观情绪推动着美国人不断探索创新。也正是这些要素为元宇宙在美国的兴起创造了必要条件。

上面已经介绍，1992 年斯蒂芬森在《雪崩》中提出了元宇宙的概念，这部科幻小说描绘的元宇宙满足了人们对虚拟的大同世界的所有幻想。为了进一步探索元宇宙，“元宇宙概念第一股”Roblox 公司成立了。目前，*Roblox* 是最符合的元宇宙载体。同时，Roblox 公司提出了构建元宇宙至少要满足的八个关键特征：身份、社交、沉浸感、低延迟、多元化、随地、经济系统和文明。元宇宙概念因为这家公司的存在，得到了进一步细化。

2021 年 10 月 29 日，扎克伯格在 Facebook Connect 大会上宣布，脸书更名为 Meta，并将公司的业务重心向元宇宙倾斜。这一举动在全球范围内引爆了元宇宙概念。随后，微软、谷歌、英伟达等美国企业先后宣布加入元宇宙布局。

在拥抱元宇宙的同时，美国的监管机构重点关注数据安全和隐私保护问题，不论是用户直接提供的还是间接产生的信息数据，如生物特征、位置、银行信息、消费习惯、游戏习惯等，都属于数据安全和隐私保护的范畴。为了遏制数据滥用和隐私泄露，美国监管机构采取了执法行动：2018 年，美国联邦贸易委员会对脸书的消费者数据泄露行为处以 50 亿美元的罚款，并实施了更严格的隐私限制。监管部门的重拳出击让互联公司不得不更加谨慎地对待用户数据。

欧洲：民众一片茫然，欧盟加快数字化建设

从普通民众的视角来看，欧洲人对元宇宙并不太感兴趣。法国民调机构 IFOP 发布的一份报告称，法国民众普遍不清楚元宇宙是什么，只有 8%的受访民众希望进入元宇宙，但 75%的受访民众都表示对元宇宙的到来感到恐惧，他们不太相信脸书能够创建并管理好元宇宙。

法国民众对元宇宙的看法并非个例。《环球时报》记者在比利时布鲁塞尔随机采访了一些人，问他们对元宇宙了解多少，

很多人一脸茫然地反问道："什么是元宇宙?"记者的采访对象来自欧盟成员国，他们的反应在一定程度上也能代表欧洲众多民众。

欧盟动态网报道称，欧洲企业已经认识到，如果在这波科技革命浪潮中落到后面，未来将有可能永远失去数字时代的话语权，因此现在必须顺势而为，主动拥抱元宇宙带来的挑战和机遇。

韩国：政府对元宇宙反应最快，并且积极探索元宇宙

在全球范围内，韩国政府对元宇宙反应最快，已经成立元宇宙协会。根据 2021 年 10 月的数据，包括三星在内的 200 多家韩国企业已经加入该协会。

此外，韩国首都首尔市政府宣布，将打造元宇宙平台，向市民提供公共服务。届时，首尔市政府将成为韩国首个提供元宇宙服务平台的地方政府。

韩国政府也在探索将元宇宙应用到旅游业的方式，准备利用元宇宙平台，构建融合韩国主要景点、人气影视剧取景地等的"韩国旅游宇宙平台"，并推进元宇宙等虚拟旅游与实际访客智慧旅游的双轨体系。

韩国是元宇宙领域的"优等生"，政府的积极探索给元宇宙在该国的发展提供了良好的政策保障。

俄罗斯：普京为元宇宙发展指明方向，视法律制定为挑战

在俄罗斯总统普京看来，元宇宙的价值在于，让人们不论相距多远，都可以一起交流、工作、学习、落实联合创新项目和商业项目，而不是从不完美的现实世界逃离的目的地。

普京认为，为了让元宇宙发挥应有的价值，必须制定这个“全新世界”的经济和社会关系规范。对法学家来说，这是真正的挑战。个人在网络空间的安全，以及个人在元宇宙的虚拟替身的安全，也需要法律的保护。

普京已经为元宇宙的发展指明方向，并表达了直面挑战的决心，给元宇宙在该国的发展提供了较大的想象空间。

中国：企业密集布局元宇宙，炒作风险成监管重点

在探索元宇宙的赛道上，我国也在稳步向前推进。从元宇宙相关的统计数据来看，截至 2022 年 1 月 25 日，我国共申请“元宇宙”商标 19 717 个，横跨 40 个类别，其中绝大多数的“元宇宙”商标于 2021 年注册申请。按月来看，2021 年 9 月和 10 月是申请高峰期，正对应元宇宙井喷式发展的两个月份。

继韩国成立元宇宙协会后，中国移动通信联合会元宇宙产业委员会举办揭牌仪式，标志着国内首家元宇宙行业协会正式成立，元宇宙的研究走上正轨。

我国致力于规范、有序地发展元宇宙。元宇宙在国内火爆，催生了许多元宇宙概念股。然而，元宇宙概念板块势头大好之际，监管机构也向一些疑似蹭元宇宙热度的企业发出关注函，说明国内监管机构对元宇宙炒作风险高度关注。在法律方面，自 2021 年 11 月 1 日起施行的《中华人民共和国个人信息保护法》囊括了加强生物识别等敏感个人信息的保护、通过有限度的可携带权的设定加强个人对个人信息的控制及打破平台数据垄断、对不同规模企业区别设置义务责任等热点问题，为控制元宇宙火爆引发的信息安全风险提供了可行的立法思路。2022 年 1 月 26 日，《中国元宇宙白皮书》发布会在北京正式举行。专家们分别从元宇宙的缘起与发展现状、技术与产业基础、法律与监管制度、伦理与风险要素等多个角度进行深入探讨，为元宇宙在国内的健康发展提供了重要参考。

尽管国内探索元宇宙的方式目前仍然停留在抢注元宇宙相关商标上，但类似的蹭热度行为已经引起监管机构的注意。同时，产业界和学术界的积极推进为我国元宇宙的发展提供了强有力的群众基础和技术保障。

第 2 章 / *Chapter Two*

元宇宙初体验：虚拟游戏中的元宇宙雏形

元宇宙科幻电影的出现给了人们从视觉上感受元宇宙的机会，但可惜的是，人们只能被动地接受导演设计好的概念，而虚拟游戏的出现，给了人们自主创作的空间，人们也由被动的接受者、体验者转变为开源世界中的创作者。

从一些早期的开放多人游戏中，我们可以窥见元宇宙的雏形。在这里，我们先简单介绍一些具有开创性意义的游戏。1979 年发布的 *MUDs* 和 *MUSHe* 是第一个文字交互界面的、将多用户联系在一起的实时开放式社交合作世界。1986 年发布的 *Habitat* 是第一个 2D 图形界面的多人游戏环境，首次在游戏中使用了化身，也是第一个投入市场的大型多人在线角色扮演游戏。1994 年发布的 *Web World* 是第一个轴测图界面的多人社交游戏，用户可以实时聊天、旅行、改造游戏世界，开启了游戏中的用户生成内容模式。1995 年发布的 *Worlds Incorporate* 是第一个投入市场的 3D 界面大型多人在线游戏，强调开放性世界而非固定的游戏剧本；同年发布的 *Active Worlds* 是基于科幻小说《雪崩》创作的，以创造一个元宇宙为目标，提供了基本的内容创作工具来改造虚拟环境。2003 年的开放式游戏《第二人生》也受到了斯蒂芬森的《雪崩》的影响。下面将着重介绍两款在元宇宙游戏中具有里程碑意义的虚拟游戏——《第二人生》和 *Roblox*。

打造第二人生：《第二人生》

《第二人生》（见图 2－1）是大型多用户在线的三维网络虚拟世界平台的代表。这款虚拟游戏由美国林登实验室（Linden Lab）研发并于 2003 年正式发布，一经推出便受到无数玩家的热情追捧，成为第一款现象级的虚拟世界游戏。

《第二人生》是一个完全由其居民建设和拥有的三维虚拟世界，并且是一个充满娱乐、体验和机会的数字大陆。在《第二人生》中，用户可以通过虚拟的网络形象做许多现实生活中的事情，通过各种各样的活动享受自己的“第二人生”。《第二人生》的开发团队称它不是一个游戏，“没有可以制造的冲突，没

图 2-1　《第二人生》游戏欢迎界面

有人为设定的目标”，人们可以在其中社交、购物、建造、经商，拥有现实世界中的大部分功能。用户在游戏里称为居民，通过可运动的虚拟化身交互。

这款游戏还在通常的元宇宙的基础上提供了一个高层次的社交网络服务。居民可以四处游逛，会碰到其他的居民，可以进行群体社交，参加个人活动或集体活动，如图 2-2 所示。

图 2-2　《第二人生》中与其他居民互动界面

在游戏中，玩家可以随意制造一切自己想要的事物，营造一个与现实社会平行的虚拟社会。制造的事物可以在游戏中进行交易，比如曾经在游戏中大名鼎鼎的首富就是一名中国女性，而她的产业就是制造旗袍出售，从而拥有了百万美元的身价。《第二人生》中使用的虚拟货币称为林登币（Linden Dollar），可以通过官方网站兑换成美元。一直以来官方网站都严格控制美元与游戏币的汇率，从而保证游戏经济平衡，避免玩家的游戏币价值减少。

相比早期和同期的虚拟游戏，《第二人生》拥有更强大的世界编辑功能和发达的虚拟经济系统，因此吸引了大量玩家进入游戏，这款游戏的影响力也在不断扩大。大量个体玩家涌入的同时，许多企业与教育机构也纷纷投身于这款虚拟游戏中。

在推特（Twitter）诞生之前，BBC、路透社都将《第二人生》作为发布平台；CNN在游戏中建立了自己的游戏报纸以提高影响力；IBM曾在游戏中购买地产，建立自己的销售中心；瑞典等国家在游戏中建立了自己的大使馆。由此看来，这款游戏显然不只是人们打发闲暇时光的工具，更是人们拓展人生广度的第二舞台。除此之外，其他进驻《第二人生》的公司还包括阿迪达斯、苹果、百思买、可口可乐、Sun、丰田汽车、美国气象频道、华纳兄弟等。

在教育领域，许多大学也将《第二人生》视作重要的实践阵地。俄亥俄大学在 2007 年购买了 7 个岛屿打造其虚拟校园；斯坦福大学在《第二人生》中建立了虚拟图书馆；南加利福尼亚大学商学院在《第二人生》中提供场地，让学生经营管理虚拟资产。《第二人生》俨然成了备受各大院校欢迎的第二家园。

《第二人生》的诞生无疑受到了赛博朋克文学的启发，尤其是斯蒂芬森的《雪崩》。林登实验室称其目标是要创造一个像斯蒂芬森描述的元宇宙那样的世界。

接下来我们简单了解一下《第二人生》这款虚拟游戏的特色。

(1) 居民。居民是对《第二人生》用户的称呼，在虚拟世界中以虚拟化身形象示人。基本的虚拟化身形象是一个人类，或男或女，并且还有其他许多物理属性，你可以给它换上酷炫的衣服或者以其他不同的方式自定义该化身。同时，《第二人生》中的每个居民的外表都与其他居民有很大区别，这可以根据用户的意愿决定，因为在《第二人生》中虚拟化身的外表是很容易改变的。

(2) 交流和交通。在《第二人生》中，有两种基于文本的交流方式：本地聊天和即时聊天。本地聊天是两个或两个以上本地居民之间的一种公开的交流方式，最远 25 米“听”到某个居民说话，居民也可以“喊”（最远 100 米的人可以“听”到）或者“低语”（最远 10 米的人可以“听”到），充分模仿了现实世界中人类的交流模式。即时聊天用于私人交谈，可以在两个人或者同一个小组的成员之间进行。同时，即时聊天不受时间和空间的限制。

《第二人生》中最基本的移动方式是用脚走路。如果想快速旅行，居民也可以不借助其他任何装备飞行，当然也可以乘坐交通工具。《第二人生》中提供了很多交通工具，在对象库中有一种最基本的称为 go-kart 的工具，还有居民自制的免费或需要购买才可使用的直升机、潜水艇、热气球等工具，这比我们在现实生活中常用的交通工具有趣得多。其中，空中交通工具大概可以飞 4 000 米高，居民在《第二人生》中的飞行界面如图 2-3 所示。

图 2-3 《第二人生》中居民飞行界面

如果需要即时转移，居民可以直接瞬间移动到一个特定的地点。虚拟化身在其当前地点设立一个个人地标，然后就可以随时移动到该地点，也可以把该地标的复制分发给其他的虚拟化身。

（3）经济和不动产。《第二人生》拥有自己的经济体系，并使用一种称为林登币的虚拟货币。尽管汇率会有波动，但是美元对林登币的汇率基本维持在 1 美元兑换 270 林登币的水平。

居民可以制造新的商品或提供服务，在《第二人生》的虚拟世界中进行买卖，还可以在货币交易所把美元等现实世界中的货币兑换成林登币。总体来看，这个兑换市场是开放的，但有时林登实验室会调整虚拟世界中林登币的流通量或者销售林登币，以将汇率维持在一个相对稳定的水平。小部分居民可以在这种经济体系下每月获得几百至几千美元不等的净收入，在游戏中小赚一笔，但大部分居民都只能基本维持收支平衡。货币是在这个经济体系中征税所需要考虑的主要因素。

在《第二人生》中，用户还可以拥有自己的一小块土地。如果想要拥有更多的土地，则需要交纳额外的费用。在首次土地买卖程序中，林登实验室过去一般会以一个比较低的价格把 512 平方米的土地卖给新的居民。但是后来它们废止了这个制度，因为一些具有经济头脑的居民会很快把这块土地转手以获取利润而不是予以保留，这让土地失去了原有的意义。《第二人生》中也出售 16 英亩（65 536 平方米）的大区域。居民买了土地之后可以自由地卖出或用于任何目的。唯一的例外是“私人领地”，因为这些土地是归居民而不是林登实验室管理。这些“私人领地”一般都有一个契约限制这块土地的使用，比如，不能在上面进行商业活动，甚至不允许被转售。

对于《第二人生》中的经济增长方式、潜在的新的市场工具和经营模型，Black Trend 的 CEO 在一个关于虚拟世界的会议上用“元经济”这个词来统称它们。

（4）创造和所有权。《第二人生》的一大特色就是这个世界中的绝大部分物品都是由居民创造的，而不是林登实验室直接制作好的。在游戏中，居民拥有很大的自主权，居民的虚拟化身就是这些用户创造的内容的一个典型例子。

《第二人生》中有一套 3D 建模工具，任何居民都可以使用并配以适当的技艺建造虚拟建筑、风景、交通工具、家具、机器等，建造出来的这些东西可以使用，可以交换，当然也可以出售，这也是各种经济活动的主要来源。利用标准库里的动画和声音，任何居民都可以做出各种“动作”。除此之外，居民也可以利用各种图像、动画和声音工具，制造一些更精细的物品上传到虚拟世界中。一旦物品到了《第二人生》里，系统就会尽力保护该物品创造者对该物品的独家拥有权。《第二人生》中还有一种脚本语言称为林登脚本语言（LSL）。利用 LSL 可以为《第二人生》里的许多物品添加自主行为，如可以设置门的开关属性，当有人靠近它时，门会自动打开。

创造某个物品的居民和拥有某个物品的居民的一些权利，就像现实世界中的版权一样，在某些方面还需要加强。创造者可以标记某个物品为“no copy”，意思是不允许其他人复制这个物品；也可以标记“no mod”，意思是不允许其他人更改这个物品的一些特性；“no trans”的意思是当前的所有者不允许把它给其他人。

《第二人生》提供现场直播演奏音乐的功能，居民可以在家里或者工作室演奏有声音乐和乐器。居民可以用耳机听这些音乐，可以把它上传到音频流里，也可以在内部世界里播放供其他人欣赏。例如，2006 年中期，英国旅人乐队就在梅诺卡岛演奏过一次，这比棉花糖乐队在《堡垒之夜》游戏中举办现场演唱会的时间早得多。

(5)《第二人生》中的企业和组织。林登实验室对居民制造物品版权的承认，再加上虚拟林登币的合法交易，大大鼓励了内部世界独立企业的开办，原先的独立企业也纷纷依法注册为公司。

早些时候，瑞典的一个机构宣称要在《第二人生》中建立一个使馆，而瑞典外交部部长也在他的博客里称他很希望能收到开馆典礼的邀请函。还有上面我们所提及的 BBC、路透社等，都在《第二人生》中设立了自己的机构。

(6)《第二人生》中的教育。上面已经提到过,《第二人生》成了很多大学的前沿虚拟课堂,包括美国的哈佛大学、依隆大学、俄亥俄大学、纽约大学、斯坦福大学以及荷兰的代尔夫特理工大学等。据统计,早在2009年,英国就有包括曼彻斯特大学在内的30多所高校参与到《第二人生》中,可见《第二人生》中的虚拟大学涉及多个国家和地区,范围非常广泛。图2-4所示为曼彻斯特大学用《第二人生》为学生举办毕业典礼。

图2-4 曼彻斯特大学用《第二人生》为学生举办毕业典礼

《第二人生》为管理员主持一次讨论或一个项目营造了一种良好的气氛,越来越多的教师或管理者在《第二人生》中开展教学与组织讨论。根据《纽约时报》的一篇文章,《第二人生》大概已经出售100块用于教育目的的土地。哈佛大学的一位教师曾把她的"合法研究"课程带到《第二人生》里,她说:"不论一个远程教育系统多么好,你和你的学生之间还是会存在一些内在的隔阂,《第二人生》确实缩小了隔阂。现在我和我的学生可以在固定的课堂之外有更多的非官方时间在一起了。”对于把《第二人生》应用于教育，得克萨斯大学奥斯汀分校的一位研究员对交互式的定性分析进行了评估，发现一旦学生克服了《第二人生》中技术上和使用上的困难，他们表现出一种对社交式学习活动的偏爱，并因在学习过程中和其他人互相交流而获得很大乐趣。

虽然远程教育在我国已有 20 年左右的发展历史并取得一定的成绩，但在教学中仍存在缺乏实时互动、授课模式单一等诸多问题。或许元宇宙的火爆是促进我国教育方式改革的一个良好的开始，在教学过程中，教师可以利用《第二人生》这样的虚拟世界与学生“相聚”于特定的学习情境，不仅可以进行“面授”，还可以引导学生进行探索式、协作式和体验式学习。

目前，我国也有一些类似于《第二人生》的游戏正在开发或改进中，其中比较著名的有 *HiPiHi*，它被称为中国版的《第二人生》，类似的虚拟游戏还有 *uWorld* 以及 *Novoking*。

《第二人生》现在似乎不如刚发布时火热，但是仍有不少居民聚集在《第二人生》中打造自己的世界，元宇宙的兴起或许会让人们重新注意到这款游戏，给它带去更多新鲜的血液。

共建新生态：*Roblox*

Roblox 发布于 2006 年，是一个将虚拟游戏和社交媒体相结合的平台，也是目前现实中最接近元宇宙的载体。*Roblox* 本质上是一个大型多人在线游戏创作平台，里面的角色都类似乐高的模型。*Roblox* 采取了激进的通往元宇宙的方式，它从一开始就不为用户提供游戏，只提供开发平台和社区，以创作激励机制吸引用户，实现完全由用户打造的去中心化世界。

现在很多游戏都在强调玩家之间的竞争和对抗，或者设定一个目标让玩家去完成，以此带给玩家惊险、刺激的体验，而 *Roblox* 中既没有竞争机制，也没有人为设定的目标。*Roblox* 中最受欢迎的一个小游戏叫 *MeepCity*，它就像一个校园模拟器。玩家就在这个虚拟空间里聊天、散步或进行其他虚拟的社交活动，与大部分学生在学校里做的事情一样。Roblox 公司的 CEO 戴夫认为，*Roblox* 这个平台不是为了让玩家赢得游戏，而是让玩家进入一个可以分享、交流的世界。

很多人看到 *Roblox*，都会想到另一款像素沙盒人气游戏《我的世界》，但 *Roblox* 是从 2006 年开始在 PC 平台发行的，比《我的世界》还要早 3 年。戴夫对 Roblox 公司的形象进行了清晰的定位，他认为未来的元宇宙应该由用户创造，Roblox 公司则是工具和技术的提供者。*Roblox* 中的用户被称为开发者，开发者可以就各种物品和游戏体验收取虚拟货币。*Roblox* 中使用的虚拟货币称为 Robux，开发者可以将赚取的 Robux 兑换成现实中的货币，100 个 Robux 可以兑现 35 美分，开发者也可以花 1 美元购买 100 个 Robux。

Roblox 的使命是要通过游戏将全世界连接在一起。*Roblox*（见图 2-5）能让任何人探索其他全球社区开发者建立的数百万个沉浸式 3D 体验，给大家提供一个想象、创造以及与朋友同乐的空间。根据全球性互联网信息服务提供商 comScore 的数据，6～12 岁的少年在 *Roblox* 上花费的时间比在其他互联网应用中花费的时间多得多；在青少年使用的互联网应用排名中，它排名第二，仅次于谷歌旗下的油管（YouTube）。*Roblox* 平台上的近亿月活跃用户中，有一半是年龄在 9～12 岁的少年，他们在游戏中创建分身，参与各种活动，比如，一起跳舞，一起在无人岛闯关，一起经营餐厅等；其中，有 2/3 使用 *Roblox* 平台举办虚拟毕业典礼、庆生会等。成年人会通过脸书、推特、照片墙（Instagram）等社交软件进行交流，而孩子们的网络社交需求在 *Roblox* 中就被满足了。从某种意义上说，*Roblox* 的创作者除了吃喝拉撒睡等生理需求需要在现实中进行处理之外，理论上是可以长期沉浸在游戏世界中的，在这里可以进行互动、交流、联系、交友和学习，这就是一个元宇宙。

图 2-5 *Roblox* 游戏界面

2021 年 3 月，Roblox 公司在纽交所成功上市，上市当日的涨幅高达 54%，而相比其半年前的最后一次上市前融资，公司估值增长了 7 倍，达到将近 400 亿美元。Roblox 公司曾明确提出要打造元宇宙，公司上市后股价表现走势较好，市值迅速超越美国老牌游戏公司 EA，位居美股游戏公司第二名。

2021 年 11 月 18 日，著名运动品牌耐克宣布与 Roblox 公司开展合作，将在 *Roblox* 在线游戏平台上打造一个名为耐克乐园（Nikeland）的虚拟世界。这一合作新闻成了体育用品巨头跨入元宇宙的一个重要标志。在耐克乐园中，玩家可以进入数字展示空间，用耐克的服饰装扮自己的虚拟形象，并随时查看耐克发布的最新产品。基于耐克在现实生活中售卖的产品或者过去发布的产品，可以对物件进行建模。耐克还允许玩家恶搞未来的产品，鼓励玩家发挥创意与耐克共同创造新的产品。

总的来说，从 *Roblox* 的成功中我们能够看到的一些趋势是：

第一，Z 世代[①]的虚拟生活时间占比在持续提高。或许是追求虚拟游戏新鲜的体验，或许是逃避现实的烦恼，又或许是疫情所致，总之，虚拟世界给了 Z 世代一个全新的想象空间，他们也更愿意沉浸在虚拟世界中。

第二，Z 世代对第二身份，或者说虚拟身份的需求在增加。在现实世界中，有些人或许对自己的身份怀有遗憾，与小时候成为建筑家、教师的梦想擦肩而过。在 *Roblox* 中拥有的第二身份可以让他们体验另一种想要的生活，弥补现实生活中的遗憾，在现实世界中失业的人在虚拟世界中可能是一个非常成功的企业家。

第三，在虚拟世界的生活方式下，数字货币、区块链的各类应用将会逐步成为替代现实货币的主要手段。虚拟货币将会作为主要支付手段，而区块链技术将会作为虚拟资产归属权的底层技术。

第四，虚拟世界的社交关系完全独立于现实社会的社交关系。随着虚拟生活时间占比的不断提升，目前已有垄断地位的社交软件也许会遭到颠覆和打击，最有可能受影响的是脸书和微信，新生代成为主要消费群体的过程恰恰有可能成为社交软

---

① Z 世代指受数字信息技术、即时通信设备、智能手机产品等影响较大的新时代人群。

件更替的过程。

虽然元宇宙并不等同于虚拟游戏，或者说虚拟游戏只是元宇宙的初级阶段，但虚拟游戏无疑为元宇宙的发展提供了重要的载体，同时，大众对元宇宙的关注也促进了虚拟游戏的发展。

在本部分，我们主要介绍了元宇宙的诞生和演化，并通过两款里程碑式的虚拟游戏阐述了元宇宙的载体，第二部分我们将介绍元宇宙运转所需要的现实根基和技术支撑。

第二部分

P A R T 2

应运而生——元宇宙元年何以开启

第 3 章 / *Chapter Three*

元宇宙的现实根基

社会需要更可靠的连接

社会由农村发展至城市化再发展至互联网时代，现在人们通过手机、电脑的一块块屏幕去连接这个世界，足不出户就可以与亲朋好友联系，动动手指就可以了解天下大事。生活确实逐渐变得更美好、更方便、更快捷，但不得不承认的是，我们每个人正变得越来越孤独。住在高楼里的人们，邻里街坊甚至几年没有交流，小区里面穿梭来往的更多是外卖和快递的配送员。

不可否认，互联网的发展给我们带来了各种娱乐方式，如游戏、视频等，但是这种快乐只局限在每个人的私人领域，没有触手可及和面对面的真实，这是一种“孤独的快乐”。

在元宇宙的加持下，人们可以与远方的亲朋好友进入同一个虚拟空间，大家彼此看得见，就像面对面交流一样。可以想象一下，在进入元宇宙之后看视频时，并不是自己一个人拿着手机看着屏幕，而是与所有一起看这个视频的人坐在同一个地方，仿佛在一个虚拟电影院，你不仅可以更沉浸地观看视频，还可以随时看到其他人的反应，找到更多与自己趣味相同的人。元宇宙会将一块块冰冷的屏幕连接起来，让人们可以和更多人分享快乐。

技术追寻更先进的探索

无论是元宇宙还是其他虚拟世界，各种科幻小说、动漫、电影都做了很多形象化的展示（如《黑客帝国》《头号玩家》）。但是想要实现如电影中所描绘的虚拟世界，技术方面仍需要进一步发展，否则一切美好的畅想都将是空谈。元宇宙所需要的技术和内容的创新一定是海量的，其中最大的挑战就是如何让人们有最大程度的沉浸感，发展到最后即无法分辨是虚拟世界还是真实世界。

实现元宇宙的技术应该从两个角度来考虑。首先是用户，简单来说就是人们如何接入元宇宙。现有的 AR、VR、混合现实（MR）技术可以在某种程度上将虚拟世界以更为立体的方式向人们呈现出来，但是这几种技术只能提供听觉、视觉方面的刺激，味觉、嗅觉、触觉等其他方面的感知才是让用户加强沉浸感的重中之重。想要加强多感官的刺激，就需要更加完整的设备体系，如电影《头号玩家》中，至少需要眼镜、手套和专用衣服。其次是算力，可以预见的是元宇宙中的数据量必定是现在互联网数据量的成百上千倍，因此需要更强大的算力，这对硬件的要求和能量的消耗都是极高的，可以设想未来的数据中心用核能发电也未必不可能。

资本期待更丰硕的果实

从字节跳动收购 Pico，到脸书改名为 Meta，再到腾讯收购黑鲨，互联网巨头的一次次出手，让元宇宙的定位更加清晰，即下一代沉浸式硬件产品并非手机的替代品。

清华大学新闻与传播学院新媒体研究中心发布的《2020—2021 元宇宙发展研究报告》认为，2020 年是人类社会虚拟化的临界点，为 2021 年成为元宇宙元年做了铺垫。一方面，疫情加速了社会虚拟化，在新冠肺炎疫情防控措施下，全社会上网时长大幅增长，“宅经济”快速发展；另一方面，线上生活由原先短时期的例外状态成为常态，由现实世界的补充变成与现实世界平行的世界，人类现实生活开始大规模向虚拟世界迁移，人类成为现实与数字的“两栖物种”。

不少国际知名咨询企业看好元宇宙的未来，如彭博行业研究报告预计元宇宙将在2024年达到8 000亿美元的市场规模，普华永道预计元宇宙市场规模将在2030年达到1.5万亿美元。虽然前景诱人，但多数受访者认为，当前元宇宙产业整体上还处于早期阶段，从算力条件、网络技术、XR等的发展现状来看，产业还需要10～20年的发展时间。

用户追求更愉悦的体验

对元宇宙的尝试或体验，一台笔记本电脑可能还不够。虽然智能手机和笔记本电脑能够处理多人游戏，但它们的处理能力有限，无法处理数百万甚至更多使用耳机或AR眼镜的用户的互动。一般来说，想要在元宇宙里畅游，就必须有一个加密的电子钱包和算力优秀的设备。

在体验或尝试进入元宇宙之前，第一件事就是创建个人化身。平台的面板上有很多选项，可以定制化身的发型、眼睛颜色、衣服，甚至是配饰。进入分散区内的一个起点的交互广场后，会发现这是一个非常拥挤的区域，其他化身会突然出现在你的身边。你也可以使用地图搜索功能，让地图将你传送到下一个位置。这时屏幕可能平移到一个网格，在那里你可以看到和访问其他用户创建的空间。

更多的情形是很多体验者都在玩游戏，例如，流星撞击地面后，你可以从中挖掘矿物和金钱；有些初始体验者可能会开采一些铜，制造几枚神奇硬币。体验者也可以和另外一些化身伙伴聊天、交朋友。在元宇宙中，体验者可以化身为任何想成为的人，但最终很有可能发现，目前的各种化身几乎都是男性体验者。“什么是你们在元宇宙中最喜欢的东西?”有人会在聊天室里问。“元宇宙提供了自由。它可能是我们将真实世界与加密世界连接起来的桥梁。我对此感到非常兴奋。我们生活在一个伟大的时代。”有人热情地回答。

第 4 章 / *Chapter Four*

元宇宙技术底座

设备平台

扩展现实

扩展现实（extended reality，XR），指的是通过信息技术将虚拟与现实结合，构造出一个可以人机交互的虚拟场景。同时，XR 也是 AR、VR、MR 等多种技术的统称。通过将以上三种技术融合，为使用者带来现实世界与虚拟世界之间无缝转换的沉浸感，同时这也是打开元宇宙的一把“钥匙”。

现阶段的 XR 技术可以在线上和线下给人们带来不同的体

验。无论是线上还是线下演出，相较于传统的演出形式，XR 的应用让更注重视觉冲击力的舞台表演能够在更短的时间内使观众受到更直接的刺激。一般来说，线下的观众往往需要借助一些硬件设备（如 VR 眼镜或者手机）才能在线下演出中体验 XR 技术带来的震撼效果。但是这对硬件设备要求较高，所以 XR 技术暂时无法在线下普及。而在线上直播中，通过网络、电视直播，现场观众无法裸眼直接欣赏到 XR 所展现的效果，这些节目所呈现的特效需要在前期进行内容设计，比如舞美、灯光和 LED 屏幕在大型露天场地营造氛围，才能让观众的视觉体验更好。XR 技术与线上直播演出的结合，目前主要存在两种方式：一是在真实的演出场景中将真实的图像与已制作好的图像合成，叠加视觉效果；二是搭建完全虚拟的场景，演员在绿幕背景前演绎，通过一定的技术手段，把绿幕背景替换成设计好的虚拟视觉场景。

总体来说，现在大多数的线上直播演出中应用的 XR 技术的底层逻辑大致类似，利用实时渲染技术、3D 技术、追踪技术、图像分析等图形图像处理技术，将镜头中捕捉到的人物或者真实场景与已经制作好的图像融合，从而为屏幕前的观众打造出更好的视觉效果。在制作方面，相较于游戏或者电影，线上演出的 XR 画面更加短时低频，屏幕也相对较小，不必经受大荧幕的考验。所以在观看时，对特效的接受度和要求就相对宽松一些。但这并不意味着使用 XR 技术打造虚拟演出就是一件轻而易举的事情，仍需要很多技术支持，如在直播中需要 5G 网络的大带宽、低时延的特性提供支持，需要更强大的实时互动和数据传输能力，同时需要更强性能的设备支持即时的影像处理。

XR 技术的应用离不开 AR、VR、MR 技术的应用和发展，这三种技术目前发展的程度各不相同，每一种都有各自的优缺点，下面分别介绍这三种技术。

（1）增强现实。增强现实（augmented reality，AR）也称扩增现实，顾名思义，是一种将现实世界与虚拟世界巧妙结合的技术，其广泛地运用了智能交互、多媒体、3D 建模、实时跟踪及注册、智能传感等技术，将计算机模拟的图像文字、3D 模型、视频音乐等虚拟信息模拟仿真以后，在现实中进行应用，两种信息相互补充、相互扩展，从而实现用户对真实世界场景体验感的“增强”。

AR 技术最早可追溯至 20 世纪五六十年代，一位名叫莫顿·海利希的电影制作人所发明的 Sensorama Stimulator，他凭借多年的电影拍摄经验设计出这款次时代机器。Sensorama Stimulator 不仅可以向人们展示声音和图像，还可以对香味和震动进行模拟，让人们体验到在纽约的布鲁克林街道上骑着摩托车风驰电掣的感觉。

AR 的关键技术主要有跟踪注册技术、显示技术、交互技术、虚拟物体生成技术以及合并技术。其中的技术要点是跟踪注册技术、人机交互以及虚拟现实融合显示。AR 大致的工作流程首先是使用摄像头和传感器对真实场景进行数据采集，并传入处理器对其进行分析与重构，再由 AR 头显或者智能移动设备上的摄像头、传感器、陀螺仪等配件实时更新用户在真实环境中的空间位置变化数据，进而得出虚拟环境与真实环境的相对位置，实现虚拟与现实坐标系的统一，进行虚拟环境与现实环境的融合计算，最后将其合成的影像呈现给用户。用户可以通过 AR 头显或者智能移动设备上的交互配件（如话筒、红外感应器、眼动追踪器、摄像头、传感器等设备）采集控制信号，并进行相应的人机交互以及信息更新，最终实现 AR 的交互操作。

（2）虚拟现实。虚拟现实（virtual reality，VR）是 20 世纪逐渐发展起来的一种全新的使用技术。1990 年，钱学森院士在致汪成为的手稿中，就已提到“virtual reality”，并将它翻译为具有中国味的“灵境”。具体来说，VR 技术包括电子信息、计算机技术、仿真技术等相关技术，它实现的基本方式是由计算机模拟虚拟环境，从而带给人们环境沉浸感和交互感。从理论上说，VR 是一种可以创建并且体验虚拟世界的计算机仿真系统，它利用计算机生成一种模拟环境，让用户从视觉和听觉上沉浸到这个环境之中。VR 中的数据大部分取自日常生活，利用计算机技术产生的电子信号，再与各种输出设备（如 VR 眼镜）

结合，转化成能让人们感受到的客体（这些客体可以是现实中真实存在的，也可以是我们所看不到的物质），然后通过三维建模呈现出来。因为有些场景是在平时生活中看不到的，而是通过计算机模拟出来的，所以称为虚拟现实。

VR的关键技术主要包括系统集成技术、动态环境建模技术、立体显示和传感器技术、实时三维图像生成技术、应用系统开发技术。在这些技术逐步发展和完善的基础上，VR的应用场景也越来越多。

随着技术的发展，VR也受到了越来越多的人的认可，人们可以在虚拟世界中体验到越来越真实的感受，有身临其境的感觉；VR也具有一些人类的感知功能，如听觉、触觉、视觉等；它还具有超强的仿真系统，最大限度地做到了人机交互，人们在使用的过程中，可以相对自由地操作并得到来自虚拟世界的反馈。

（3）混合现实。混合现实（mixed reality，MR）是一组技术组合，不仅提供了新的观看方式，还提供了新的输入方法，并且将所有的方法相互结合，进一步推动创新。MR技术是VR技术的进一步发展，该技术通过在显示场景呈现虚拟场景信息，在真实世界、虚拟世界和用户之间构建一个交互反馈的信息回路，以此来增强用户体验的真实感。

20世纪七八十年代，为了增强视觉效果，让眼镜可以在任何情况下都能“看到”周围的环境，史蒂文·曼恩设计出了可穿戴的智能硬件，这被视为 MR 技术的初步探索。根据史蒂文·曼恩的理论，智能硬件都会由 AR 最终发展为 MR。

VR 是纯虚拟数字画面，AR 是虚拟数字画面加上裸眼现实，MR 则是数字化的现实叠加上虚拟数字画面。从概念来区别，MR 与 AR 更为接近，都是一半虚拟影响一半现实，但是传统的 AR 技术运用光学原理显示现实影像，视角的范围较小，清晰度也不尽如人意。MR 技术结合了 VR 与 AR 的优势，能够更好地发挥出 AR 的优势。

总之，MR 设备提供给用户的是一个混合的世界，如数字模拟技术（显示、声音、触觉、嗅觉等），用户无法察觉到虚拟与现实之间的差异。MR 技术更有想象的空间，它将物理世界实时并且彻底地电子化，同时又包含 VR 和 AR 的功能。

智能硬件

智能硬件是科技概念，是指通过将硬件和软件相结合，对传统设备进行智能化改造，使其具有智能化的功能。智能硬件移动应用则是软件，通过应用连接智能硬件，操作便捷、开发简单，实现互联网服务的加载，形成“万物互联”的架构。如果我们有朝一日可以在元宇宙中自由遨游，那么一定离不开智能硬件的辅助。

随着技术不断迭代更新、关联基础设施的完善和应用服务市场的不断成熟，智能硬件产品的形态已经从智能手机延伸到智能可穿戴设备、智能家居、智能车载、医疗健康等，逐渐成为信息技术与传统产业融合的交汇点。下面简单介绍几种智能设备。

（1）智能手环和智能手表。手环本来是一种装饰品，但是经过智能化改造之后，现在它正在尝试记录用户的睡眠质量、健身效果、饮食习惯等一系列相关数据，并且将这些数据同步到用户的智能手机或者平板电脑中，从而进一步给用户提出相关建议，起到通过数据指导健康生活的作用。以睡眠为例，手环可以自动识别用户的睡眠状态，在手环“意识到”用户处于睡眠状态后，它会自动屏蔽来自手机的消息振动提醒，直至第二天用户醒来，这时用户可以通过手环关联的 App 来查看自己的睡眠状态，包括入睡时间、清醒时间、深睡/浅睡/快速眼动等各种睡眠质量信息。

随着移动技术的发展，手表也逐渐成了智能手机的第二屏幕。自 2013 年第一款智能手表面市以来，智能手表除了将传统手表指示时间与智能手环的大部分功能整合在手腕上的这一块小小的屏幕上，还发展出了面向不同人群的不同种类的手表，如最普遍的成人智能手表、可以紧急呼救的老人智能手表、保障儿童安全的儿童定位智能手表等。2021 年 12 月，华为发布了可以随时随地测量血压的智能手表 HUAWEI WATCH D，这是智能手表健康监测里程碑式的突破。

（2）智能汽车。智能汽车是一个集多等级辅助驾驶、环境感知、规划决策等功能于一体的综合系统，它集中应用了现代传感、信息融合、通信、人工智能、自动控制等技术，是将传统设备进行改造的典范。对智能汽车的改造主要致力于提高汽车的舒适性、安全性，在此基础上还为用户提供更为方便快捷的人车交互界面。其中值得一提的就是驾驶辅助系统，驾驶辅助系统可以细分为自动泊车辅助系统、刹车辅助系统、车道保持辅助系统、倒车辅助系统。更为高级的驾驶辅助系统则是在车上安装各种各样的传感器，如激光雷达、毫米波雷达、卫星导航和高清摄像头等，凭借这些传感器，汽车在行驶过程中可以随时感知周围环境并收集数据，做到对动态与静态物体的辨识、追踪与侦测，在此基础上进行分析与运算，从而使驾驶员能够尽早预知潜在危险，大大提高汽车驾驶的安全性。

目前，智能汽车正朝着无人驾驶的方向发展，国内无人驾驶汽车仍处于研发测试阶段，在技术上还有很大的不确定性和进步空间。同时，产品、市场和服务等方面可变动空间大，行业的商业模式也正处于探索阶段。随着无人驾驶汽车技术和 5G 技术的不断发展以及各地政府的积极推进，越来越多的自主品牌车企将加快落地无人驾驶路测项目。

“十四五”期间，科技部将加强新能源汽车科技方面的顶层设计和多学科融合，在一批关键核心部件，如车规级智能驾驶芯片、第三代功率半导体器件、车载操作系统、线控底盘等方面加大支持力度，力争实现产业链关键环节的自主可控，在智能化新能源汽车领域加快实现自立自强。目前越来越多的企业进入互联网智能汽车这一领域，前有蔚来、小鹏、理想国产新能源汽车三巨头，后有雷军高调宣布耗资百亿元成立小米智能电动汽车公司，中国新能源汽车智能化已经在世界范围内打响了第一枪。

人机交互

人机交互（human-computer interaction，HCI）主要致力于研究系统与用户之间的交互关系。其中，系统可以是各种各样的机器，也可以是软件。人机交互界面通常指的是用户可以看到的部分，用户通过人机交互界面与系统交流，进行操作。

操作系统的人机交互功能是计算机“友善性”的重要体现。人机交互主要依靠可输入的外部设备和具有对应功能的软件来完成。目前可供人机交互使用的设备主要有键盘、鼠标、各种识别设备等，这些设备对应的软件就是操作系统提供人机交互功能的部分。早期的人机交互设备是键盘和显示器，用户可以通过键盘输入命令，操作系统识别命令后立即执行，并将执行结果通过显示器呈现给用户。随着技术的发展，操作命令越来越多，功能也越来越强，如语音识别、汉字识别等，用户和计算机在类似于自然语言或者受到限制的自然语言这一层级进行交互的可能性越来越大。

人机交互技术领域中的热点技术应用潜力已经逐渐展现，比如，应用于 VR、遥控机器人及远程医疗等的触觉交互技术，智能手机配备的地理空间追踪技术，应用于可穿戴智能设备、沉浸式游戏等的动作识别技术，应用于网站、广告、杂志效用测试的眼部追踪技术，针对行动障碍开发的“智能轮椅”采用的人机界面技术，应用于家庭自动化及语音拨号等场景的语音识别技术，对于有语言功能障碍人士的无声识别技术等。

如今，随着可穿戴设备的发展，用户对人机交互也有了更高要求，不仅需要更好地控制设备，还要让设备更加“贴心”，使其更懂用户的心中所想。比如眼部追踪技术，只要用户一个眼神，设备就会做出相应的反应，在人们的眼睛看向不同的方向时，眼部会有细微的变化，这些变化会产生一系列生物特征，通过计算机对图像的扫描和捕捉对这些特征进行提取，实时追踪眼睛的变化，感知用户的需求，并做出反应达到眼睛控制设备的目的。除此之外，体感交互技术也可以让用户获得更加良好的体验。所谓体感交互技术，就是将用户的肢体语言转化为计算机可以理解的操作指令，其中最具有代表性的就是手势交互，各种传感器对手部的形态、动作进行连续采集，通过有频次地建模形成一个模型信息的序列帧，之后将这些信息转化成相对应的指令，以此达成控制设备的目的，如任天堂的健身环大冒险、华为的隔空手势，都是体感交互很好的例子。

人机交互目前也在不断推出各种创新技术，如压力触控技术、侧边滑动指纹识别技术、屏下指纹识别、触控与显示驱动器集成（TDDI）技术等。热点前沿技术的应用开发既是挑战也是机遇，基于计算机视觉的手势识别率较低，实时性较差，需要各种算法来改善识别的精度和速度，掌纹、虹膜、笔迹、语音、唇读、人脸、基因等人类特征的研发应用正备受关注，多方式的融合也是人机交互的热点，而元宇宙将是人机交互的终极阶段，人类与计算机的互动将存在无限可能。

数据与算力

大数据

大数据（big data）指的是涉及的资料量巨大，以至于无法使用目前主流的软件工具在一个合理的时间内采集、管理并整理。最先提出“大数据”这一概念的是麦肯锡咨询公司，该公司认为大数据应具有庞大的数据规模、多种数据类型、较快的数据流转速度和较低的价值密度四个特征，这四个特征后来被简化描述为大量（volume）、多样（variety）、高速（velocity）及价值（value）。

大数据最主要的特征就是数据规模巨大，即大量。随着互联网、移动互联网和物联网的发展，所有人或者物体的行为都会被记录下来，数据的规模出现爆发性增长，其中蕴藏了很多数据价值和潜在信息。数据最小的基本单位是位（bit），按从小到大的顺序依次是：bit、Byte、KB、MB、GB、TB、PB、EB、ZB、YB、BB、NB、DB（相邻的单位进率为1 024，即2的10次方）。

大数据的来源十分广泛，这就不可避免地导致数据形式的多样。大数据的形式大致可以分为三种：一是非结构化数据，其特点是数据之间没有因果关系，如图片、音频、视频等；二是结构化数据，与非结构化数据相反，数据之间的因果关系较强，如信息管理系统的数据、医疗系统数据等；三是半结构化数据，这种数据之间的因果关系程度介于结构化数据与非结构化数据之间，数据之间有较弱的因果关系，如HTML文档、网页、邮件等。据统计，目前结构化数据占据整个互联网数据总量的70%以上，但产生价值较大的反而是非结构化数据。

大数据的高速主要体现为数据的增长速度和处理速度。与传统的数据载体（如报纸、书信等）不同，在大数据时代，数据交换主要是采用互联网以及云计算等传播数据十分迅速的方式。相对应，处理数据的响应速度也要更快，如在几秒内完成上亿条数据的分析。总体来说，数据的输入、处理与舍弃要做到几乎无延迟。

大数据最核心的特征就是价值，通常来看，价值密度的大小和数据总量的大小是成反比的，即数据总量越小，数据价值的密度越大，数据总量越大，数据价值密度越小。大部分有价值信息的提炼是以庞大数据为基础的。

2021 年 11 月，工业和信息化部发布《“十四五”大数据产业发展规划》（简称《规划》）并召开新闻发布会介绍有关情况。《规划》提出，到 2025 年，我国大数据产业测算规模突破 3 万亿元，年均复合增长率保持在 25%左右，创新力强、附加值高、自主可控的现代化大数据产业体系基本形成。

现代社会是一个高速发展、科技发达、信息流通的社会，人与人之间的交流愈发密切，生活也愈发便捷，大数据就是这个时代的产物。研究大数据，最重要的意义在于预测，因为归根结底，数据是对过去和现在的总结和归纳，其本身并不具备固有的特征和趋势，但是我们可以利用大数据理解或者掌握事物发展的客观规律。在未来，数据通过不断地积累，直至元宇宙时代，其规模将会是一个无法计算的量级，所以对大数据的研究尤为重要。

5G/6G 网络

第五代移动通信技术（5th generation mobile communication technology，5G）是新一代宽带移动通信技术，具有高速率、低时延和大连接的特点，是实现人机物互联的网络设施基础。

国际电信联盟（ITU）定义了 5G 的三种应用场景，即超高可靠低时延通信（uRLLC）、增强移动宽带（eMBB）和海量机器类通信（mMTC）。超高可靠低时延通信主要面向远程医疗、工业控制、自动驾驶等对可靠性和时延具有极高要求的垂直行业应用；增强移动宽带主要面向移动互联网流量爆炸式增长的状况，为移动互联网用户提供更加极致的应用体验；海量机器类通信主要面向智慧城市、环境监测、智能家居、森林防火等以数据采集和传感为目标的应用。

为了满足各种各样的 5G 应用场景需求，其关键指标就必须更加多元化。ITU 定义了 5G 的八个关键性能指标，除了端到端的时延、移动性、频谱效率、用户峰值这四个传统的关键技术指标外，还定义了用户体验速率、流量密度、连接数密度以及能源效率四个新指标。5G 作为一种新型移动通信网络，要解决的不只是人与人之间的通信，为用户提供 AR、VR、超高清 3D 视频等更加身临其境的极致业务体验，还要解决人与物、物与物的通信问题。

随着5G的逐渐发展与普及，它终将渗透到经济社会的各行业各领域，成为支撑经济社会数字化、智能化转型、网络化的关键新型基础设施。目前5G的应用领域主要包括工业、车联网与自动驾驶、能源、医疗领域。

在工业领域，通过5G等新一代信息技术与传统工业经济深度融合，为工业甚至整个产业数字化、智能化、网络化提供新思路和新途径。5G在工业领域的应用覆盖了研发设计、生产制造、运用管理以及产品服务四大工业环节，主要的应用场景有16个，主要包括：AR/VR远程协同设计、AR/VR研发实验协同、AR辅助装配、AR产品需求导入、AR/VR远程培训、远程控制、机器视觉、自动驾驶、超高清视频、AGV物流、设备感知、物料信息采集、环境信息采集、远程售后、产品状态检测、设备预测性维护等。5G在工业领域各种各样的融合场景为工业体系变革带来了无限的可能性，推动工业智能化发展、绿色化发展。

在车联网与自动驾驶领域，5G车联网使汽车、交通应用服务智能化升级。基于5G的大带宽、低时延等特性，车载VR视频通话、实景导航等实时业务使用户体验更加良好。凭借蜂窝车联网C-V2X的低时延、高可靠性和广播传输特性，车辆可实时对其设备广播自身定位、运行状态等基本安全信息。交通灯或者电子标志标识等可以广播交通管理与指示信息，支持红绿灯诱导通行、路口碰撞预警等功能，车辆的行驶安全和出行效率得到显著提升，未来还可以实现更加高级、复杂场景的自动驾驶服务，类似于车辆编队行驶、远程遥控驾驶等。

在能源领域，5G 的应用主要体现在煤矿和电力领域。在煤矿领域，5G 应用包括井下生产与安全保障两大部分，应用场景主要涉及环境信息采集、现场作业视频监控、设备数据传输、作业设备远程控制、移动巡检等。目前，煤矿利用 5G 实现了地面操作中心对井下综采面采矿机、掘进机、液压支架等设备的远程控制，在井下关键场所部署 5G 超高清摄像头，对环境和人员实现精准、实时的掌控。煤矿凭借 5G 技术的智能化改造，有效减少了井下作业人员数量，降低了井下事故发生率，避免重特大事故，实现煤矿的安全生产。在电力领域，电力能源的生产包括发电、输电、变电、配电和用电五个环节，目前 5G 主要应用于输电、变电、配电和用电四个环节，应用场景大概涵盖了采集监控类业务和及时控制类业务，具体包括输电线无人机巡检、电能质量监测、变电站机器人巡检、配网差动保护、配电自动化、分布式能源控制、精准负荷控制、高级计量和电力充电桩等。

在医疗领域，5G 通过赋能现有智慧医疗服务体系，提升远程医疗、应急救护等服务能力和管理效率，并催生 5G＋远程超声检查、重症监护等新型应用场景。5G＋远程手术、重症监护等治疗类应用，由于容错率极低，涉及患者安全、医疗质量、社会伦理等复杂问题，其技术应用的可靠性、安全性需进一步研究和验证，预计短期内难以在医疗领域实际应用；5G＋应急救护等应用，在医院、急救人员、救护车、应急指挥中心之间快速构建5G应急救援网络，在救护车接到患者的第一时间，将病患体征数据、急症病情记录、病情图像等以毫秒级速度、无损实时传输到医院，帮助院内医生做出正确指导并提前制定抢救方案，实现患者“上车即入院”的愿景；5G＋超高清远程会诊、远程影像诊断、移动医护等应用，在现有智慧医疗服务体系上，叠加5G网络能力，可以极大提升远程会诊、医学影像、电子病历等数据的传输速度和服务保障能力。在抗击新冠肺炎疫情期间，解放军总医院联合相关单位快速搭建5G远程医疗系统，提供远程超高清视频多学科会诊、床旁远程会诊、远程阅片、远程查房等应用，支援湖北新冠肺炎危重症患者救治，有效缓解了抗击疫情一线医疗资源紧缺问题。

作为5G的下一代通信技术——6G，即第六代移动通信技术，将打造一个地面无线与卫星通信集成的全连接世界。通过将卫星通信整合到6G移动通信，实现全球无缝覆盖，网络信号能够抵达任意一个偏远的乡村，让山区深处的病人能够接受远程医疗，让孩子们能够接受远程教育。不仅如此，在电信卫星系统、全球卫星定位系统、地球图像卫星系统和6G地面网络的联合支持下，地空全覆盖网络还能帮助人类预测天气、快速应对自然灾害等，这就是 6G 未来。6G 通信技术不再是简单的网络容量和传输速率的突破，它更是为了缩小数字鸿沟，实现万物互联这个终极目标，这便是 6G 的意义。

虽然目前 6G 仍处于开发阶段，但是 2021 年 11 月，工业和信息化部发布的《“十四五”信息通信行业发展规划》提出，将开展 6G 基础理论及关键技术研发列为移动通信核心技术演进和产业推进工程，这标志着中国将依然引领科技，布局未来。相信在元宇宙来临之时，6G 甚至更快速的网络会为人们提供更优质的体验，身处元宇宙，用户即使在世界的两端也会像面对面交流一样无延迟。

云计算

云计算（cloud computing）属于分布式计算的一种，指的是利用网络“云”将巨大的数据计算处理分解成若干个子程序，通过多个服务器组成的系统进行分析和处理后，将子程序得到的结果返回给用户。早期，简单的云计算就是分布式计算，解决各自任务后将计算结果合并，所以云计算又称为网格计算。凭借这项技术，我们可以在几秒钟内处理数以万计的数据，从而实现强大的网络服务。而现阶段的云计算已经不仅仅是一种分布式计算，而是分布式计算、负载均衡、效用计算、网络存储、热备份冗杂以及虚拟化计算机技术混合并进化的结果。元宇宙时代的设备虽然将会比如今的设备更为先进，但是一定无法在本地进行如此巨量的计算，云计算就显得尤为重要。

近年来，云计算也逐渐变成信息技术产业发展的重中之重，全球的信息技术企业都在朝云计算方向转型。对于企业来说，仅仅一台计算机是无法满足数据运算的需求的，所以就需要运算能力更强的计算机，即服务器。但是对于更大的企业来说，一台服务器无法满足所面临的计算任务，需要购置更多的服务器，最后会进化成为一个有多台服务器的数据中心，且服务器的数量和数据中心的处理能力成正比。发展至数据中心，除了要承担初期的高额建设成本，还要考虑计算机运行的电费，再加上网络和计算机的维护支出，这些费用都是中小企业难以承担的，云计算的作用就由此显现。

云计算相较于传统网络模式有诸多特点与优势，如动态可扩展、按需部署、灵活性高、可靠性高、性价比高、可扩展性强等。凭借这些特点和优势，云计算可以提供三种服务，分别是基础设施即服务（IaaS）、平台即服务（PaaS）、软件即服务（SaaS）。由于三者构建堆栈，彼此之间相互影响，这三种服务也称为云计算堆栈。

相对简单的云计算技术目前已经普遍应用于互联网服务，其中最常见的就是电子邮箱和搜索引擎。过去，邮件的发送和获取都是一件比较麻烦的事情，耗时很长，但是目前凭借云计算技术和网络技术，收发电子邮件已经成为日常生活中一件稀松平常的事情，只要是在网络环境下，就能立即实现邮件的发送与获取。搜索引擎也是如此，搜索引擎中最常用的谷歌和百度，无论何时何地，只要通过移动设备就可以在搜索引擎中搜索任何自己想要了解的事情，通过云端共享数据资源。诚然，如今的生活中，云计算技术已经无处不在。

（1）存储云。存储云也称为云存储，是以云计算技术为基础发展起来的一种存储技术。云存储系统的核心是数据存储和管理。在云存储的使用过程中，用户可以将自己本地的资源上传至云端，同时也可以在任何地方联网来获取云上的资源。在国外，为大众所熟知的谷歌、微软等大型互联网公司都有云存储服务；在国内，占有较大市场份额的则是百度云和微云。云存储为用户提供备份服务、存储容器服务、归档服务和记录管理服务等，使用户对资源的管理更加方便。

（2）教育云。教育云是教育信息化的产物。具体来说，教育云可以将所需的任何教育硬件资源虚拟化后上传至互联网，为学生、教师和教育机构提供一个便捷的教学平台。现在较为流行的慕课（MOOC）就是教育云的一个应用。慕课是大规模开放的在线课程平台，其中较为优秀的平台有 Coursera、Udacity 和 edX 等，在国内中国大学 MOOC 也同样是一个十分优秀的平台，现在许多大学已经使用其中的在线课堂开设了一些课程。

（3）金融云。金融云指的是利用云计算将金融、信息和服务等功能分布到巨大分支机构构成的互联网的“云”中。它主要是为保险、基金、银行等金融机构提供互联网的运行和处理服务，同时还能共享互联网资源，从而低成本、高效地解决现有问题。2013年阿里巴巴的阿里云整合旗下资源推出了阿里金融云服务，这就是现在移动快捷支付的基础。金融与云计算的融合，使得现在使用手机通过简单的操作就可以完成保险购买、基金买卖、银行存取款等业务。

（4）医疗云。医疗云是在云计算、多媒体、4G/5G通信、大数据、移动技术以及互联网等新技术的基础上，结合现代医疗技术，使用综合云计算来创建的医疗健康服务云平台，以实现医疗资源的共享和医疗范围的扩大。由于云计算技术的结合与运用，医疗云大大提高了医疗机构的服务效率，居民就医越来越方便。比如，现在医院的预约挂号、电子病历、医保、在线咨询症状等都是云计算与医疗领域结合的产物。不仅如此，医疗云还有信息共享、动态扩展、数据安全、布局全国的优势。

人工智能

人工智能（artificial intelligence，AI）是计算机科学的一个分支学科，不同专家对这一技术的定义不尽相同。如麻省理工学院的温斯顿教授认为，人工智能就是研究如何让计算机做过去只有人类才能做的工作；而尼尔逊教授的观点是，人工智能是一个关于知识的学科，这个学科是研究如何表示知识以及如何获得知识并使用知识。虽然以上两种说法不同，但是都基本反映了人工智能学科的基本内容和基本原理，即人工智能是研究人类智能活动规律，构造有一定智能的系统，也就是研究如何将计算机软硬件结合来模拟人类部分行为的基本理论、方法和技术。

人工智能是一门挑战性极大的学科，它涉及的学科主要包括哲学、认知科学、神经生理学、计算机科学、数学、信息论、控制论、不定性论，从事相关工作和研究的人员需要了解的知识相对较多。总的来说，人工智能研究的主要目标就是使机器能够胜任一些复杂的工作。该领域的研究包括但不限于语言识别、自然语言处理、机器视觉、指纹识别、智能搜索、定理证明、智能控制、人脸识别、博弈。

目前人工智能的研究方法并没有一个统一的原理或者范式，主流的研究方法有大脑模拟、符号处理、字符算法、统计学法、集成方法等。在这些研究方法的基础上，人工智能在计算机中的实现方法有两种：一种是使用传统的编程技术使系统呈现出具有人工智能的效果（不考虑所用方法与人类或者生物机体所用方法是否相同），称为工程学法（engineering approach），该方法已经在一些领域内取得成果，如电脑下棋和文字识别等；另一种是模拟法（modeling approach），该方法在取得相对不错效果的同时，还要求实现的方法与人类或者生物机体所用方法类似。遗传算法（generic algorithm，GA）和人工神经网络（artificial neural network，ANN）都属于这种方法，GA 是模拟人类或者生物机体的遗传-进化机制，ANN 则是模拟人类或者动物大脑的神经细胞活动方式。在研究过程中，为了得到较好的智能效果，一般工程学法和模拟法同时使用。

随着时代的进步，人工智能对自然科学、经济和社会的影响也进一步加深。在自然科学方面，在需要使用数学计算机工具解决问题的学科中，人工智能所能提供的帮助愈发重要，进一步来说，人工智能甚至有助于促进人类的自我认知，如帮助人类了解智能是如何形成的；在经济方面，人工智能促进了计算机工业和网络工业的发展，带来了非常可观的宏观收益，但是由于人工智能在科技和工程方面的应用，部分技术工作和脑力劳动被人工智能替代，导致失业问题，可能会使社会结构发生一些变化；在社会方面，人工智能为人类未来的生活提供了新的方式和更多的可能性，现有的娱乐方式（如游戏）逐步发展成为更高智能的文娱手段。在元宇宙中，人工智能可以更好地为用户提供个性化服务，为用户定制一套畅游方式。

在科技飞速发展的现代，人工智能发展早已进入新阶段。

2021 年 7 月 13 日，中国互联网协会发布的《中国互联网发展报告（2021）》显示，2020 年人工智能产业规模达到 3 031 亿元，同比增长 15%，增速略高于全球的平均增速。产业主要集中在北京、上海、广东、浙江等省市，我国在人工智能芯片领域、深度学习软件架构领域、中文自然语言处理领域进展显著。

区块链技术

数字人民币

数字人民币（DC/EP）由中国人民银行发行，是由国家信用担保、有法偿能力的法定货币。与比特币等虚拟货币相比，数字人民币是法定货币，其效力和安全性是最高的；而比特币是一种虚拟资产，没有任何价值基础，也不享受任何主权信用担保，无法保证价值稳定。这是中央银行数字人民币与比特币等加密资产的最根本区别。所以在元宇宙中数字人民币可以流通，既保证了用户的交易安全，也维护了市场稳定。

数字人民币采取双层运营体系，即中国人民银行不直接对公众发行和兑换数字人民币，而是先把数字人民币兑换给指定的运营机构，比如商业银行或者其他商业机构，再由这些机构兑换给公众。运营机构需要向中国人民银行缴纳100%的准备金，这就是1∶1的兑换过程。这种双层运营体系与纸钞发行流程基本一致，因此不会对现有金融体系产生大的影响，也不会对实体经济或者金融稳定产生大的影响。数字人民币投放采用双层运营模式，不会与商业银行的传统经营模式构成竞争，同时能充分发挥商业银行和其他机构在技术创新方面的积极性。数字货币投放系统会保证货币不超发，当货币生成请求符合校验规则时才发送相对应的额度凭证。

在现行数字货币体系下，任何能够形成个人身份唯一标识的东西都可以成为账户。比如，车牌号就可以成为数字人民币的一个子钱包，通过高速公路或者停车时进行支付。这就是广义账户体系的概念。银行账户体系是非常严格的体系，一般需要提交很多文件和个人信息才能开立银行账户。

我国的数字人民币试点已经形成“10+1”格局，包括10个试点地区及北京冬奥会场景。截至2021年10月8日，数字人民币试点场景已超过350万个，累计开立个人钱包1.23亿个，交易金额约560亿元。

加密数字货币

加密数字货币（cryptocurrencies），也称加密货币、密码货币，是一种使用密码学原理来确保交易安全以及交易单位创造的交易介质。与日常生活中使用的纸币类似，加密货币也需要防伪设计。加密货币的防伪是由虚拟货币和数字货币使用的密码学以及数字哈希组合而成，并与智能合约的绑定的新型通证。2009 年，比特币成为第一个去中心化的加密货币，在其之后的加密货币的设计也都与其类似。各种各样的加密货币层出不穷，它们被统称为 Altcoins。

一般来说，加密货币通常具有六个特点：其一，加密货币无须中心机构，它的状态通过分布式共识机制维持；其二，某种加密货币如果可以产生新的加密货币，则新币的来源必须明确，并确定新币的拥有者；其三，加密货币的所有权必须有明确记录；其四，加密货币的所有权只能通过密码学的方式确定；其五，加密货币可以通过交易来变更其所有权；其六，同一时间对同一个加密货币只能有一个交易命令。

比特币是第一种加密数字货币，目前除了比特币之外还有很多种加密货币，可通过独立创建、ICO 发行代币、硬分叉等方式创建，其中部分虚拟货币参考了比特币、以太币等币种的思想、原理和源代码。目前与比特币相似的虚拟货币有上千种。

任何人都可以创建一个新的加密货币，新的币种可以有更多的功能、更完善的隐私保护、更快的区块生成时间、不同的算法与共识机制、对智能合约的支持等。例如，莱特币为了达到更快的交易速度，每两分半钟就产生一个区块，而比特币则需要十分钟，即使它是最早、最知名的加密数字货币，但是由于比特币本身并没有权威的发行机构来维持它的权威性和唯一性，因此与其他加密数字货币相比也没有什么优势。

P2P 交易模式

P2P（peer-to-peer）即个人对个人（伙伴对伙伴）。P2P 交易是一种无须信任机构作为中介参与的交易。在传统的电子交易中，交易双方必须通过银行这样的信任机构作为中介，保证交易的可靠性与安全性，因为银行可以记录交易双方的账户资金信息，能够保证交易的有效性，不存在其中一方支付了资金而另一方没有到账的情况。

在比特币这种去中心化的 P2P 交易中，并不存在类似银行的信任机构，所以想要在两个节点之间达成交易，就必须实现一种在零信任的情况下安全的交易机制。简单来讲，交易的一方声称给了另一方一笔钱，只要能验证该消息确实是交易的一方发出的，就认为这笔交易是有效的。想要验证这个交易是否有效，就要用到数字签名。在比特币交易中，付款方就是通过数字签名来证明自己拥有某一笔比特币，而且要把这笔比特币转交给指定的收款方，使用签名是为了验证某条消息确实是由某人发出的，如在付款合同中签名就可以通过验证笔迹的方式核对身份。在计算机中，用密码学理论设计出来的数字签名算法比验证笔迹的可信度更高。使用数字签名时，每个人都可以生成并使用一个秘钥对，这个秘钥对包含一个公钥（public key）和一个私钥（private key，也可称为 secret key），公钥可以公开给任何人，私钥必须严格保密，不能泄露给其他人。当私钥的持有人想要对某消息签名时，他可以用自己的私钥对消息进行签名，然后把签名、消息和自己的公钥发送出去。任何人都可以通过私钥持有者的公钥对这个签名进行验证，如果验证通过，就可以肯定该消息是由此私钥持有者发出的。

数字签名算法在电子商务和在线支付等相关领域十分重要。首先，数字签名无法伪造，因为私钥只有签名人自己才知道；其次，消息是无法篡改的，如果原始消息被其他人篡改了，那么签名的验证也将会失败；最后，签名确认通过后不可逆，如果对签名的验证通过了，那么该消息肯定是由签名人本人所发出的，签名人必须承认自己是这条消息的发送者。

分布式存储

分布式存储（distributed storage）指的是一种数据存储技术，这种技术可以让用户通过网络使用该网络中每一台机器的磁盘空间，这些分散的存储空间构成了一个虚拟的存储设备，数据存放在该网络中的各个部分。区别于集中式存储，分布式存储常常采用存储单元集群的形式，而且在这些集群节点之间有数据同步和协调的机制。

分布式存储有以下几个优点：

（1）可扩展性强，支持通过在系统中删除或者添加存储单元来实现系统的动态调整。

（2）可复用性高，在多台服务器上存储相同的数据，具有较高的可用性、备份和数据恢复能力。

（3）节省成本，可以使用价格相对较低的服务器低成本存储大量数据。

（4）平均性能表现良好，在某些情况下比单一服务器性能更优，比如可以将数据存储在距离用户更近的位置或者允许大量并发访问大文件。

智能合约

智能合约（smart contract）这一概念 1995 年由尼克·萨博提出，他给出的定义是：智能合约是一套以数字形式定义的承诺，包括合约参与方可以在相关网络或平台上面执行这些承诺的协议。其中的“承诺”指的是合约参与方达成共识的权利与义务，这些承诺定义了合约本质以及目的，以一个租赁合约为例，租赁方承诺出租物品，承租方承诺支付合理的租金。

智能合约区别于其他合约最鲜明的特点就是其强调的数字形式。数字形式限定了智能合约只能以代码的形式存储在计算机中。

共识机制

共识机制（consensus mechanism）常见于区块链领域。简单来说，在一场交易中如果交易双方没有明显关系，但这一体系下的其他用户都认为交易双方是值得信任的，那么就可以认为交易双方能够达成共识。这个机制可以在很短的时间内完成对交易的确认和验证。

共识机制作为区块链的重要组件，主要是为了满足一致性与有效性。一致性是指所有值得信任的节点保存的区块链的前缀部分相同；有效性是指某个值得信任的节点所发布的信息最终都会被其他所有值得信任的节点记录在自己的区块链中。

如今区块链的共识机制可以分为四大类，分别为权益证明机制（PoS）、工作量证明机制（PoW）、股份授权证明机制（DPOS）和验证池机制（Pool）。区块链上采用不同的共识机制，对一致性和有效性所产生的效果也不尽相同，通常从四个维度来评价各种共识机制的水平，分别为扩展性、安全性、性能效率以及资源消耗。

NFT

非同质化代币（non-fungible token，NFT）是一种区块链数字账本上的数据单位，每一个代币都代表一个独有的数字资料，作为虚拟商品所有权的电子认证或者证书。因为 NFT 不能互换，所以它可以代表数字文件，比如画作、视频、声音、游戏中的项目或者其他形式的作品。虽然数字文件本身是可以无限复制的，但代表它们的代币在其底层的区块链上是可以追踪的，同时可以为买家提供所有权的证明。类似比特币和以太币等的加密货币都有各自的代币标准来定义 NFT 的使用。

数字内容体验

数字孪生

数字孪生（digital twins）是一种将现实空间中的实体装备映射到虚拟空间中，从而反映其生命周期过程的技术。这项技术充分利用了传感器更新、物理模型、历史运行记录等数据，具有多学科、多尺度、多概率、多物理量的特点。

数字孪生可应用于众多领域，如产品设计、工程建设、产品制造、医学分析等，目前在国内应用最深入的是工程建设领域，研究最火爆和关注度最高的是智能制造领域。

数字孪生这一概念最早由密歇根大学的迈克尔·格里弗斯提出，在当时并没有一个确切的名称，被称为信息的镜像模型，经过演变后成了“数字孪生”。随着数字孪生的发展，它最早被应用于美国国防部的航空航天飞行器的健康维护与保障工作。21 世纪，德国和美国均提出了信息物理系统（cyber-physical system，CPS），这一系统旨在实现信息世界与物理世界的融合交互，通过人工智能、大数据分析等一系列新兴技术，在虚拟世界中进行预测与分析，从而得到最佳结果，并以该结果在真实世界中驱动运行，元宇宙便是这一映射的最佳表现形式。数字孪生的本质就是信息世界对真实世界的映射，所以 CPS 成了数字孪生最好的诠释，数字孪生也成了实现 CPS 的最佳技术。

数字孪生的标准体系主要包括六个部分：

（1）基础共性标准：主要包括参考架构标准、术语标准和适用准则三个部分。

（2）数字孪生关键技术标准：包括物理实体标准、虚拟实体标准、孪生数据标准、服务标准以及连接与集成标准五个部分。

（3）数字孪生工具与平台标准：主要用于规范工具或者平台的功能、性能、开发、集成等技术要求。

（4）数字孪生测评标准：包括测评导则、测评指标标准、测评过程标准和测评用例标准四个部分。

（5）数字孪生安全标准：包括物理系统安全要求、功能安全要求、信息安全要求三个部分，主要用于规范体系中人员安全操作，各种信息的安全存储、使用与管理等要求。

（6）数字孪生行业应用标准：由于数字孪生在不同领域和不同场景有技术差异性，在以上五个标准的基础上，对数字孪生在具体设备的应用也应该进行规范。

自然语言处理

自然语言处理（natural language processing，NLP）是计算机科学与人工智能领域的一个重要研究方向，它是一门融合了语言学、计算机科学和数学的科学，目前主要应用于机器翻译、舆情监测、自动摘要、观点提取、文本分类、问题回答、文本语义对比、语音识别、中文光学字符识别（OCR）等方面。

自然语言处理这一领域最早研究的是机器翻译。机器翻译设计方案是由美国人威弗于1949年首先提出的。这一技术发展至今，主要可以分为三个阶段：第一阶段（20世纪60—80年代），早期的自然语言处理是基于一定的规则创造词汇、问答、语法分析、语义分析的机器翻译系统，这一阶段虽然起步迅速、不依赖大量数据，但是覆盖面较小，可扩展性较差。第二阶段（从20世纪90年代开始），基于统计的机器学习开始登上历史舞台，很多自然语言处理开始使用基于统计的方法来进行。这一阶段利用大量带有标注的数据，并通过这些数据学习如何确定系统的参数，从而对输入的数据进行解码并得到输出结果。第三阶段（2008年至今），随着技术的发展，自然语言处理的研究者把目光转向了深度学习，简单概括其原理就是先把深度学习用于特征计算或者建立一个新的特征，然后在统计学习的基础上得到更好的结果。自 2014 年至今，研究者通过深度学习建模进行端对端的训练，在机器问答、翻译以及阅读理解方面取得了较大进展。

想要实现人类与机器之间的自然语言通信，就要使计算机能够理解自然语言的基本含义，同时也需要计算机以同样的方式反馈给人类，前者可以称为自然语言理解，后者可以称为自然语言生成。但无论是自然语言理解还是自然语言生成，其难度都远超人类最初的设想，以现有的技术水平来看，构建高质量且通用的自然语言和处理系统，短期内仍是一个难以攻克的课题。其中的技术难点包括内容的有效界定、有瑕疵或者不规范的输入以及歧义和模糊性。然而，随着人工智能等新型技术的发展，更优的算法、语言的深度分析和多学科的交叉，都使自然语言处理有可以更进一步发展的未来。也许在元宇宙中，我们所说出的每一句话都能被计算机理解并给出相应的反馈。

计算机视觉

计算机视觉（computer vision，CV）是一门研究机器“眼睛”的科学，具体来说就是指用镜头和电脑代替人眼对目标进行识别、测量和追踪，并进行一定的图像处理，将图像处理到更适合人类观察的程度或者将图像传送给图像检测仪器。

这一领域的相关概念在 20 世纪已被提出，但是限于计算机的性能普遍较差，无法处理诸如图像这样复杂的数据，直至 20 世纪 70 年代，计算机视觉才得到正式的关注和发展。但是这些关注和发展普遍源于其他领域的需求，所以计算机视觉并没有一个公式化的研究方法，研究者只是致力于解决一些具体的问题，这样就导致研究的局限性较大（如只把指纹、文字等作为对象分析），无法广泛地应用于不同场合。然而，随着机器学日渐普及，计算机已经可以作为一个模块化的“插件”作用于各领域之中，如医学图像的处理、工业制造中的质量控制与测量等。

作为一个工程学科，计算机视觉是基于相关理论模型来创建计算机视觉系统的，这类系统主要包括过程监控、信息组织、事件监测、物体与环境建模以及交感互动。同时，计算机视觉还包括画面重建、目标跟踪、目标识别、图像恢复等分支。

计算机视觉也可以看作生物视觉的补充强化，在生物视觉领域人类以及各种动物的视觉都得到了不同程度的研究，在此基础上研究者创建了这些视觉系统感知信息过程中所使用的物理模型。此外，借助硬件和软件在人工智能领域的发展，计算机视觉也得到了研究与描述，生物视觉与计算机视觉两个领域的交流为彼此带来了巨大的价值，相信随着这二者的发展，元宇宙向人们呈现的将会是足以“以假乱真”的画面。

万物互联

在介绍万物互联（internet of everything，IoE）这个概念之前，不得不提到物联网（internet of things，IoT）。

物联网是一种计算设备、数字机器、机械设备相互关联的系统，有着通用的唯一识别码（UID），并可以通过网络传输数据，无须人与人或者人与设备的交互。物联网将真实世界数字化，其应用范围很广泛，包括但不限于运输和物流、工业制造、智能环境（家庭、办公、工厂）、健康医疗。

万物互联就是在物联网的基础上，把更多的人、流程、数据以及事物集合在一起，使网络连接变得更加密切相关、更有价值。随着互联网的发展，网络中的数据呈指数级增长，公众和研究者将更多的注意力投向梅特卡夫定律。这一定律的内容是：一个网络的价值等于该网络内节点数的平方，而且该网络的价值与互联网用户数的平方成正比。本质上，现实世界的“价值”与网络效应相乘后是呈指数级增长的，网络创造了史无前例的商机，冰冷机械的物品被赋予了声音，唤醒诸多围绕在人们身边的事物，让人们在真正意义上步入一个智能化的时代。在元宇宙中，万物互联将不仅仅局限于我们身边的设备，连接的将会是互联网中所有可进行操作的设备。

具象载体：电子游戏技术

曾几何时，“电子游戏”四个字犹如洪水猛兽，但随着游戏走进每个人的生活以后，它逐渐被接受，也慢慢成为人们茶余饭后的娱乐方式之一。

电子游戏发展至今，从画面简单的俄罗斯方块，到后来红白机的超级马里奥，再到后来电脑游戏和主机游戏的普及，游戏画面越来越细致，互动性也越来越强。其中越来越丰富的元素与艺术风格，让电子游戏这个被冠以“第九艺术”的新兴媒体给人们的生活带来了难以想象的历史意义。

电子游戏发展至今，让人们沉浸感最强的无疑是开放世界游戏。在开放世界游戏中，玩家可以最大限度地在游戏的地图中漫游，游戏世界中的每一个 NPC 和每一个场景都有很强的互动性，玩家不必拘泥于具体的游戏流程，完成游戏的方式也不尽相同。比如《塞尔达传说：旷野之息》有着同类型游戏难以比肩的世界塑造，而游戏中的“海拉鲁大陆”也总能让玩家产生惊叹与向往之情。从你踏足“初始台地”的那一刻起，四面八方的美景瞬间涌入你的视线。也难怪游戏要让玩家挑选这样一个地势高耸的地点开始旅程：这样你就可以尽情俯瞰，随心所欲地选择一个方向出发。“海拉鲁大陆”从不限制你的行动，也不干扰你去探索未知的好奇心，即使有些地方的威胁远远超出了你当前的实力，而《塞尔达传说：旷野之息》也会以巧妙的方式，确保你拥有在这个广袤世界中探险的必备工具；再比如《荒野大镖客：救赎 2》中所展现的是 1899 年的美国，瓦伦丁泥泞的街头、充满乡土风情的木制建筑、圣丹尼斯城不断扩增却又略显阴冷的都市、被雪白头的高山、鳄鱼密布的沼泽、原始茂密的森林、风沙平阔的沙漠，《荒野大镖客：救赎 2》拥有令人咋舌的丰富生态系统与场景，并将它们浑然天成地结合在一起，这让它成了一个无比壮美的世界，每个角落都令人不忍错过。

元宇宙中必定无法缺少沉浸式的开放世界游戏，人们可以到埃及扮演刺客，可以在中世纪做猎魔人和骑士，可以坐在飞船中遨游宇宙。随着 Epic 公司在 2021 年的腾讯游戏竞技平台（the game awards，TGA）发布由虚幻引擎 5 制作的《黑客帝国：觉醒》片段，游戏与现实之间的界限也进一步模糊，人们与电影中描绘的世界的距离仿佛也仅是一个可以让人沉浸的设备而已。

第三部分

P A R T 3

未来已来——写在元宇宙落地前

第 5 章 / *Chapter Five*

元宇宙发展现状

2021 年元宇宙概念逐步进入大众视野，并在短期内迅速引发舆论和资本的巨大热潮，元宇宙元年正式开启，而元宇宙领域的资本布局其实早在大众真正感受到元宇宙愿景带来的巨大吸引力之前便已铺展开来，只是直到 2021 年“元宇宙概念第一股”于纽交所上市，各大企业在元宇宙领域的布局才在科技圈和大众视野中逐渐显露。元宇宙有一个宏大且美好的愿景：打造一个接近现实甚至超越现实的虚拟世界来拓展现有的世界规则，创造更多的可能性。而元宇宙作为一个新兴概念，能够迅速引发社会各界的极大关注，说明其技术、市场等的发展条件已达到一定水平，具备了开启元宇宙探索的基本能量。然而不可否认的是，目前的技术发展水平还远不能实现真正的虚实融合的社会形态并保证其流畅的沉浸式体验，元宇宙愿景的真正落地还需要很长一段时间的努力。本章将对目前元宇宙的发展现状进行梳理，从各互联网巨头企业对元宇宙的实现进展到政府平台对元宇宙的规划进程做逐一介绍，并在此过程中对前面章节提及的元宇宙特征和各技术支撑做进一步的具体阐述。通过阅读本章节，读者可以对元宇宙抽象发展概念有一个实际、具体的认知，并理解当前元宇宙发展的现实定位。

2021 年虽被称为元宇宙元年，但元宇宙的概念其实早已诞生，只是在技术发展到足以对元宇宙进行探索之前，它一直停留在科幻小说和科幻电影对虚拟世界的想象中，包括对虚拟世界中个体的想象、组织的想象乃至国家、世界、宇宙的想象。随着技术的发展，人们对元宇宙的期待愈发热切，元宇宙探索逐渐提上日程，这漫长探索之路的第一站，便是游戏。电子游戏自诞生以来，就是一个以娱乐为首要目的的产物，是人类对现实世界的扩充，在游戏中人们可以让想象实现，可以穿梭时空去古埃及体验神秘的文明，可以去遥远的未来感受科技的炫烂，就吸引力而言，游戏确实是吸引现实用户进入虚拟世界的一个很好的驱动产品。从另一角度来看，现实世界本身就充满着游戏属性。游戏有游戏规则，正如现实世界中各种各样的法则，无论是古今中外，无论是人类还是人类之外的其他物种，无论是经济、政治还是各类社会活动乃至生命的繁衍和自然界的演化，都在现实的法则约束下进行。这些法则足够强大，以至于我们无法解释为何要遵循，只是必须按照它既定的道路前进。社会就像一台巨大的机器，有自己的运作规律，而游戏是一个又一个被构建的社会，有自己的游戏规则。着眼于人类社会，可以发现游戏的属性愈发明显，每个人身处其中扮演不同的角色，有自己的游戏任务和天赋本领，按照游戏的规则进行互动交流，共同运转这个庞大的现实游戏世界。元宇宙的探索者也抓住了这一本质，于是在把现实世界搬运进虚拟世界时，他们首先想到了游戏。

伸出游戏的触手

2003 年，《第二人生》打造出了第一个现象级的虚拟世界，强大的世界编辑功能和发达的经济系统吸引了大量的企业与教育机构入驻，人们可以借助虚拟化身进行社交、购物、建造、经商……在推特诞生之前，BBC、路透社、CNN 等机构都曾将《第二人生》作为发布平台。IBM 还曾在该游戏中购买地产来建立自己的销售中心，瑞典等国家甚至在游戏中建立了大使馆，西班牙的政党在游戏中进行辩论等，种种现实世界的属性被同步打造进虚拟游戏空间，《第二人生》由此被视作元宇宙的雏形。

随着技术的进步和社会的发展，游戏逐渐演化为一种集游玩、观看和参与于一体的体验方式，更多的非游戏体验被整合其中，由技术、消费者与游戏的互动方式来共同驱动。这种演化发展使游戏成为一种平台，以使多个利益相关者在其核心产品之外创造和获取价值。游戏发行商正在通过这些非游戏的体验方式推动人们接纳这种全新的互动体验，如虚拟音乐会、虚拟时装秀、IP 联动，以及媒体/产品联名等。非游戏体验具有强大且广泛的吸引力，玩家也会将游戏视作一个平台，在此进行身份表达、举办社交活动，或者创造自己的游戏模式，非游戏爱好者也可以进入这个平台参加虚拟音乐会等其他娱乐活动并专注于内容本身，从而获得游戏之外的娱乐体验，如此游戏平台便可逐渐提供类似于在元宇宙中的体验。

2007 年，《第二人生》中诞生了虚拟演唱会的雏形：英国最古老的专业管弦乐队皇家利物浦爱乐乐团在游戏中复刻了爱乐音乐厅，听众用自己的虚拟化身走进音乐厅欣赏管弦乐，乐团的指挥家与作曲家的化身也会与听众进行交流。然而，由于当时信息传输技术的限制，音乐的音质并不理想，无法与现实世界中的音乐会相提并论。参与这场音乐会的听众盖·达曼曾在博客中写道：“这个活动更为重要的是虚拟在场而非音乐质量……当我的虚拟化身在吹口哨、鼓掌并喝彩时，我是真切地感受到了我们三十几个听众，尽管受到网络延迟等的影响，但还是被共同的音乐体验牢牢绑在一起。”可以看到，在早期的游戏中，虚拟音乐会更像是一种社会实验，它提供给听众的是虚拟在场的猎奇体验而非音乐享受。近年来，随着信息传输技术的发展，音乐的音质在传输过程中愈发稳定，为如今游戏中的虚拟音乐会的成熟奠定了技术基础。沙盒游戏《我的世界》在 2019 年消防节活动中举办了一场慈善音乐会，在 Twitch 上吸引了 25 万人观看，最终募集金额超过 2 万美元。

2019 年，《堡垒之夜》联合国际知名音乐人克里斯托弗·科姆斯托克（艺名为 Marshmello）举办了一场游戏中的虚拟演唱会，艺术家通过动作捕捉技术出现在游戏中并与玩家亲密互动，将巨大的 DJ 化身投影在舞池里，超过 1 070 万个玩家参与了这场盛大的演唱会，这在现实中几乎无法实现，但在游戏里所有玩家都能在凌晨 2 点共同进入一个烟花漫天炸裂、极光绚烂流动的魔幻电音现场，在虚拟的世界里自由地体验演唱会的狂欢。2020 年 4 月，美国说唱歌手特拉维斯·斯科特在《堡垒之夜》中举办虚拟演唱会，主办方在游戏中搭建了一个由游乐场与扬声器组成的星球，玩家可以沉入海底或者进入外太空，在失重的状态下聆听电子音乐。《堡垒之夜》的研发商 Epic 还将演唱会设定为巡回演出，让不同时区的玩家均可以拥有这种极具沉浸感的音乐体验。自虚拟演唱会这一形式出现以来，《堡垒之夜》先后邀请过特拉维斯·斯科特、巴尔文、迪波洛等全球多位艺人参与，2021 年再次邀请 Easy Life 乐队进行虚拟演出。

微案例 5.1

Easy Life《堡垒之夜》虚拟演唱会

在此次虚拟演唱会中，主办方将乐队演奏的 6 首歌曲与迷幻的视觉效果进行融合，并制造了丰富的游戏化体验，让听众同时作为玩家，充分感受游戏的自由度和体验感。Easy Life 曾在歌词中描绘其想象："有一天，我们躺在海滩上，突然一个巨大的旋涡袭来，所有人陷入其中，被一条巨大的海鱼吞噬，但我们在它充斥塑料产品的肚子里唱歌、狂欢，直到高潮结束，一切都爆炸了。"而这场别出心裁的演唱会也的确如他们所想象的这般，创新的表演形式将演唱会变成了一场奇幻世界历险记。在这场虚拟演唱会中乐队演唱了 6 首歌曲，共计 20 分钟，而就在这短短的 20 分钟内，每一位听众或者说每一位玩家，都穿行了 6 个波诡云谲的游戏世界（见图 5-1）。

要想进入演唱会的游戏世界，首先要输入免费代码，进入游戏中建造的伦敦千禧巨蛋，然后会看到一块巨型屏幕。屏幕之上 Easy Life 进行简单的自我介绍后，便开始演奏此次演唱会的第一首歌。此时每一个玩家都身处一个广阔的场馆，在场馆中他们可以选择不同的模式，可以一边看演唱会一边烤牛排、

图 5－1 Easy Life《堡垒之夜》虚拟演唱会海报

玩光剑、吹长号，或者只是和其他玩家一起随意舞动、摇摆身体。第一首歌还未演唱过半，屏幕旁的门突然涌入浪潮，瞬间水流如注，整个场馆被海水淹没，当海水渐渐淹没玩家的头顶，听众开始进入一个失重的听歌环境，此时珊瑚、水草在脚下飞速生长，音乐似乎也像海水中的气泡一般，层层叠叠地在耳边漂浮起来（见图 5－2）。

图 5－2 Easy Life《堡垒之夜》虚拟演唱会海底场景图

一曲将完之时，突然脚底塌陷，所有建筑裂开，玩家随着破碎的巨石，卷进了一个频频闪着红蓝光泽的海底旋涡，而旋涡的中心，却是一个马桶，随后所有人都被冲进马桶，穿过一个漫长的遍布黑灰的污水和墨绿的海藻的管道，第二首歌的前奏也出现了一丝怪诞的感觉。随着一道绿光闪现，人们冲出马桶，到了第二个世界：一个漫无边际的沙漠废墟。这里散落着无数废弃的机械和轮胎，还有多台 20 世纪 70 年代的复古电视机，乐队成员就在这些电视机里表演，他们的身体陷入沙漠，只露出一个头慵懒地歌唱。玩家就像身处一部废土科幻影片之中，在这里进行一次大逃杀前最后的狂欢享受（见图 5－3）。

图 5－3 Easy Life《堡垒之夜》虚拟演唱会沙漠场景图

再往前行走，穿过一片片垃圾堆，玩家会滑进一条条巨型海鱼的身体中，但它们的身体此刻只剩白花花的骨头，一根根密集的骨架包围的空间里似乎别有洞天。Easy Life 乐队把鱼头变成了一个小型舞台，鱼骨架之间的空白处也成了他们演奏的屏幕，鱼的身体内遍布海水、汽水罐、塑料用品，还有大片玫红色的气垫。这里就像一个破旧的地下Disco舞会，一切都很迷幻且令人眩晕，又像隐喻着现代人环保的困境，不时还有黑色的污水随着音乐节奏缓缓掉落。

又一曲完毕，玩家冲出鱼肚，终于海水之外的世界也开始浮现。这里的街道高低起伏、纵横交错，让人想起赛博朋克之城重庆。人们像在玩一个闯关游戏一样，在街道上各自踩着滑板，在地面的加速器上穿过斜坡、栏杆、楼檐。而Easy Life乐队成员就在每栋楼的窗户上演奏，整个城市都变成了他们的音乐王国。活力又动感的旋律，就像遍布的五彩斑斓的招牌，体现着这座音乐城市潮酷的气质（见图5-4）。

图5-4 Easy Life《堡垒之夜》虚拟演唱会城市场景图

逛完整个城市后，玩家会冲上一个高高的天台。这时天色渐暗，天台中间高耸的三角柱也开始变亮。这是一根高耸入云、看不到尽头的三角柱，三面都是长条屏幕，而乐队成员就在里面唱起第五首歌。此刻玩家可以飘浮在半空中，同时不断升腾，云朵穿过身体，三角柱也开始越来越多，四周星光璀璨，紫色霞光若隐若现。在这样梦幻的景色之中，音乐也像从遥远的云层穿透而来，充满了梦境般虚幻的浪漫。这里的时间似乎比现实中的时间要快一些。几分钟后天亮了，玩家从仙境掉落凡间，回到最初的海面，然而并没有在海面上停留，而是进入了一个沉入深海的停车场，这里也是一个大型舞台，但四周遍布散落的汽车。站在舞台上的是所有玩家，乐队成员在无数块大小不一的屏幕上演唱，这些屏幕悬浮在舞台的穹顶之下。舞台中间还有一块屏幕蹦床，玩家甚至可以踩在主唱的脸上蹦起来，此时全部灯光都变成了明亮的蓝色，与音乐是一样的风格：轻松、明快、舒服。整场演出快结束时，海底放起了烟花，在大片烟花爆炸、穿射、飞舞之时，玩家也在一片刺眼的白光中滑进一个白色轨道，回到了游戏最开始的地点，演唱会至此结束。

单从演唱会的效果来看，无论是游戏还是音乐，都获得了巨大的正向反馈。Easy Life 乐队演唱的专辑 *Life's a Beach* 被英国新音乐快递杂志（NME）评为截至 2021 年最好的专辑之一，而在《堡垒之夜》另一场与歌手特拉维斯·斯科特合作的

虚拟演唱会之后，特拉维斯·斯科特在网络上的搜索量提升了26%，其热门歌曲的收听率上升了 50%，并且当日演唱会上演唱的新单曲 *THE SCOTTS* 直接登顶全球最大的正版流媒体音乐服务平台 Spotify 榜单，打破了当年 Spotify 的单日最高播放纪录；《堡垒之夜》也在这一场又一场千万人规模的虚拟演唱会中不断破圈，打响了知名度，吸引更多玩家进入这个新奇的游戏世界中，商业价值也不断提升。如此双赢的反馈反映了用户对于虚拟社会形态极高的接受度和参与意愿，这也是元宇宙发展的前提所在，即用户超高的参与度和极致的体验感。恰如福布斯公司的资深分析师保罗·塔西所述，发生在《堡垒之夜》等游戏中的演唱会是令人惊叹的奇观，也是游戏对元宇宙的惊鸿一瞥。

近年来，新冠肺炎疫情的暴发加速了社会的虚拟化进程，不同于线下活动的凋敝萧瑟，线上活动如雨后春笋般激增。线上展览、线上电影、线上戏剧、线上演唱会……各类线上娱乐活动开始涌现，这些娱乐活动在逐步改变人们现实生活的单调，满足人们社交、消费新需求的同时，也在逐步将现实世界中的社会形态转移进虚拟世界，互动社交、经济交易、身份打造、个性化塑造等要素逐渐显现。从《堡垒之夜》的演唱会以及现有的线上娱乐活动中，我们能够窥探到前面章节所述的一些元宇宙发展的特征和技术要素需求。

在通信基础方面，一场虚拟演唱会中有上千万人同时在线，且存在多种游戏互动，如低重力的加入、虚拟人物的出现和活动、场景同步等，加上游戏特有的各项虚拟功能，凡此种种都给服务器带来了巨大的压力和挑战，要给用户营造良好的沉浸感，就需要有更高的分辨率和帧率，因此 5G 技术的支持至关重要。然而，就目前 5G 技术的发展情况来看，其仍旧处于发展初期，还没有出现强大的 5G 技术应用，市场上 5G 技术的需求度和渗透率也不高。我们将眼光放长远，就元宇宙的未来来看，至少需要 6G 及以上的网络支持且对算力的要求是无穷的，元宇宙虚拟内容的创作与体验以及更加真实的建模与交互，都需要更强大的联网速度和算力。目前多个国家正加快 6G 网络研发进程，最早有望在 2030 年开始商用，但从开始商用到真正的全民普及需要用时多久难以预计。

在算力方面，虚拟演唱会大型场景的渲染呈现、用户模型的渲染、沉浸式的用户体验等都依赖于云计算、云存储以及云渲染的发展和实现，而后续元宇宙的进一步发展也需要云计算领域再次创新和突破。此外，演唱会中的内容生产和内容呈现还依赖于人工智能的实现。然而，目前人工智能技术仍旧没有摆脱人工脚本的限制，其智能度和灵活性都有很大欠缺。未来若要在元宇宙中实现最大限度的自由，人工智能技术还需向更高级的深度学习和强化学习发展，以支持玩家的自由探索和创造并收获独一无二的游戏体验。

在区块链和 NFT 方面，虚拟演唱会上的专辑歌曲以及游戏中的各种道具和人物元素，都附带 IP 经济的缩影，乐队靠自己的现实人气吸引听众和玩家，特拉维斯·斯科特和 Easy Life 乐队的虚拟演唱会对用户和玩家具有不同的吸引力，这就是他们的独特 IP 所打造出来的独一无二的吸引力，同样拉动了 IP 所附属的经济影响力。这也是 NFT 的概念应用，而 NFT 作为元宇宙的底层架构，也将会是未来元宇宙发展的关键。

游戏作为元宇宙发展的初始形态，将随着技术的进步不断演化，而元宇宙无论是短期演变还是长期演变都将带来新的商业模式、内容生产、参与模式，对玩家和非玩家而言都是如此。

资本布局：元宇宙产业微历史

自 2020 年以来，全球各科技巨头动作频繁，从各方面陆续布局元宇宙相关领域及产业，探索发展的可能性，希望打破当前互联网发展的技术瓶颈，进一步推动产业渐进式发展。

国外元宇宙产业布局微历史

2020 年 Roblox 公司上市，第一次把元宇宙这一概念写入招股说明书，腾讯于当年 2 月参投其 1.5 亿美元 G 轮融资，并独家代理 Roblox 中国区产品发行。2021 年 3 月，Roblox 公司在美国纽交所正式上市，上市首日市值突破 400 亿美元，成为“元宇宙概念第一股”。截至 2021 年 12 月，其市值已经超过 700 亿美元。

2021 年 4 月，英伟达公司 CEO 黄仁勋宣布公司将布局元宇宙业务，并推出面向企业的实时仿真和协作平台英伟达 Omniverse，被称为“工程师的元宇宙”，基于 Pixar 通用场景描述及英伟达 RTX 的多 GPU 实时模拟和协作平台，Omniverse 性能强大，专用于处理 3D 制作流程。在 Omniverse 的测试期间，有超过 17 000 名客户进行了测试体验，包括宝马、爱立信、沃尔沃、Adobe、Epic 在内的众多公司。黄仁勋认为，未来会有很多设计者、创造者在虚拟现实、元宇宙中设计数字事物，然后在现实世界中完成生产，包括汽车、包、鞋子等产品。这会是一个更大的市场、更大的领域。黄仁勋还在全球商品交易中心（GTC）线上峰会上使用了 14 秒的数字化身，以展示 Omniverse 平台带来的奇幻的虚拟世界。同年 4 月，美国游戏公司 Epic 也宣布获得 10 亿美元融资，并声称此次融资主要用于开发元宇宙业务。

2021 年 11 月，微软在 Ignite 大会上宣布，计划将旗下聊天和会议应用 Microsoft Teams 打造成元宇宙，把 MR 会议平台 Microsoft Mesh 融入 Microsoft Teams 中。此外，*Xbox* 游戏平

台将来也要加入元宇宙。

2021 年 7 月，脸书 CEO 扎克伯格对外宣布，公司将在 5 年内转型成为元宇宙公司，随后公布设立 5 000 万美元的“XR 项目与研究基金”用于研究元宇宙相关技术，并成立专门负责元宇宙世界的团队。如果说元宇宙是脸书的未来布局，那么这一布局其实早已展开。早在 2014 年，脸书便以 20 亿美元的价格收购了 VR 头戴设备制造商 Oculus，从那以后，脸书一直在努力获得细分市场之外的市场吸引力。2021 年 10 月，脸书更名为 Meta，正式对外宣布其元宇宙探索历程的开启，而在这漫长的探索道路上，VR 和 AR 成为两块重要的垫脚石。扎克伯格在新闻发布会上说道：“我们认为技术的进步使我们不断获得更多自然的方式来相互联系和沟通。在脸书的一生中，我们开始在网站上输入文字，然后有了带摄像头的手机，于是互联网变得更加直观和移动，连接变得更好。我们现在有了丰富的视频，它作为我们分享经验的主要方式，更具沉浸感。”而下一步，作为涉及数十亿美元研究的广泛努力的一部分，扎克伯格引入了社交 VR，借助 Oculus Quest 2 VR 头盔，在连接的 VR 空间中，用户可以虚拟互动，发送信息或视频通话。此外，扎克伯格还预告了即将推出的新 AR 眼镜 Azeray 和高端 VR 头盔 Project Cambria。扎克伯格对 VR 的探索仍在高速进行，脸书现实实验室部门（包括 Oculus）2022 年预计投资超过 100 亿美元用于包括 VR 和 AR 在内的元宇宙工作，并计划在欧洲为该部门雇用 1 万多人以支持各项工作的顺利开展。扎克伯格表示，元宇宙应该让人感觉自己被嵌入了一个地方——有一种存在感和归属感，感觉被传送到了某个地方。他指出，游戏将成为人们第一次踏入元宇宙的方式，因为游戏拥有通过虚拟商品与粉丝互动的经济基础。在脸书新闻发布会上以及扎克伯格的个人演讲中，他都提到了该公司如何看待元宇宙："基本上，我们认为元空间是移动互联网的继承者。它是一个更广泛的平台，我认为我们都应以一种开放和可互操作的方式为建设做出贡献。"另外他还补充称："我们认为元空间是一个具体的互联网，你将成为其中的一部分，感觉会有质的不同。我们认为在元空间中存在的决定性特征是这种存在感，就像你和另一个人在一起或在另一个地方。"根据扎克伯格对元宇宙的想象，Meta 在 2021 年推出了第一款元宇宙产品《地平线世界》（*Horizon World*），一个开放 VR 社交平台。

微案例 5.2

《地平线世界》

Meta 对《地平线世界》的定义是，一个由整个社区设计和构建的、不断扩展的虚拟体验宇宙。用户进入《地平线世界》

之后，会首先被要求创建一个虚拟形象，以在这个新的虚拟世界中代表自己，通过虚拟形象进行世界探索和与其他用户进行社交互动。《地平线世界》对用户的形象设计有趣之处在于，每一个虚拟形象仅有头部和上身，没有下肢，所有人物都是飘浮在半空之中，这在一定程度上加强了用户对这个元宇宙世界的新鲜感和好奇心（见图 5－5）。

图 5－5　《地平线世界》用户虚拟形象

用户在创建形象之后，就会进入世界广场，即《地平线世界》的中央聚集地，在这里用户可以构建自定义的世界或者创作并进入游戏。对每一个用户而言，这里都有数千个自定义的世界等待他们去探索，每一个用户都可以尽可能地拥有独特的创作体验。其中的游戏也是各种各样，有蒸汽波主题的复古街机风格大逃杀游戏、魔法世界主题的探险游戏、紧张刺激的飞行之旅、轻松愉悦的河上之旅等，Meta 官方也推出了一款基于团队的 3v3 激光标

签游戏 *Arena Clash*（见图 5－6）。这些自定义创作内容和各种各样的游戏成了《地平线世界》吸引用户的重要手段。

图 5－6 《地平线世界》游戏场景

《地平线世界》的定位毕竟是一个社交平台而非游戏平台，所以除了游戏和创作内容外，《地平线世界》同样设计了类似《堡垒之夜》虚拟演唱会的社交娱乐活动。在内部测试期间，测试者会定期在《地平线世界》中举办娱乐活动、电影之夜以及冥想练习，并制作精美的虚拟物品，如《捉鬼敢死队》捉鬼车 Ecto-1 的复制品。随着更多非游戏体验活动的开展，《地平线世界》的社交吸引力会更大。

如果新用户选择进入一个现有的世界，他们会被从世界广场传送到指定的地方，并在此过程中见到他们的人类向导，这些虚拟形象的向导是 Meta 员工培训的高级用户，负责指引方向和传授行为规则，从而维护社区的健康。如果用户不想遵循游客模式进行单纯的体验和游猎，而是想要发挥自己的创造力，他可以拿起工具，从打造3D物体开始，创建自己的世界和项目(见图5-7)。

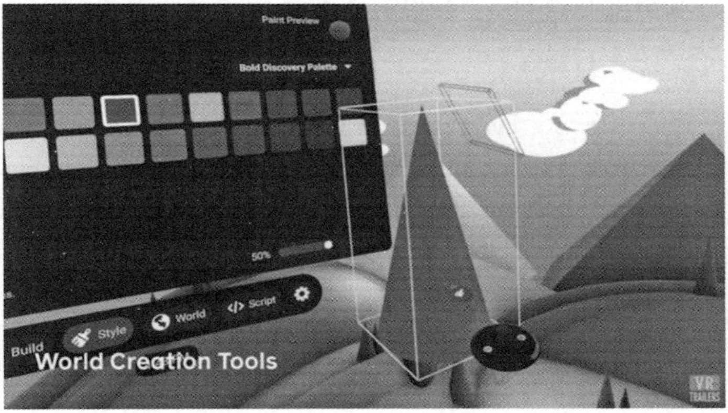

图5-7　《地平线世界》创作工具

为了让用户创作的物品动起来，Meta提供了基本的代码块，称为脚本块，其功能类似于PhotoShop中的图层，只要按照一定的规则连接在一起，即可将行为附加到物体上并创建复杂的交互，如扣动扳机射出的子弹、接触墙面反弹的球、在游戏结束后自动更新的排行榜等。副总裁维韦克·夏尔马表示，Meta员工一直在应测试人员的要求制作脚本块，公司计划未来发布一个免费库，来帮助用户获得更好的创作体验。

就内容来看，《地平线世界》的生态有较大的多样性和较高的用户吸引力，然而目前由于技术的限制，其使用门槛仍旧较高且其与真正的元宇宙生态还有很大差距。首先，其用户限制为 18 岁及以上的美国和加拿大用户，并需配置 Oculus Quest 2 VR 头显。虽然脸书现实实验室负责人安德鲁·博斯沃思早就在新闻发布会上介绍称："我们真正想消除的是，只有通过 VR 才能进入元宇宙的想法。这不是我们所想象的愿景，尽管它是 3D 的，尽管它是沉浸式的。有很多 3D 沉浸式的东西是我们今天通过屏幕和手机、《堡垒之夜》和视频游戏或更多的社会体验来获得的。" VR 和 AR 技术能够带来更好的元宇宙体验，但目前它们的发展水平仍旧是通往元宇宙世界的一道门槛。其次，目前无论是创作者、人类向导还是玩家，都没办法在《地平线世界》中盈利，而元宇宙中最关键的逻辑之一便是其经济运转体系，没有经济运转的元宇宙产品像是"小孩子过家家"，没有真正的核心价值。当然，这一环节只是暂时性缺失，Meta 计划将其与 Horizon Venues（在 VR 中举办大型活动的独立体验）和 Horizon Workrooms（VR 工作协作软件）结合起来，随着元宇宙产品的进一步发展，这一环节将会逐渐完善，只是在《地平线世界》实现货币化之前，Meta 希望先通过建立自定义世界的体验来吸引用户。为了实现这一目标，Meta 于 2021 年 10 月宣布设立一项 1 000 万美元的创作者基金用于激励用户创作，这笔资金将在 2022 年分成三个类别发放：为"自定义世界"前三名提供奖金；为创作者提供高级速成课程；为有兴趣“创造特定主题 Horizon 体验”的开发人员提供资金。最后，像其他社交媒体一样，《地平线世界》也面临用户隐私安全隐患，尤其是虚拟形象的引入打造出了一个更灵活开放的多元世界，破圈社交的背后是“不知人亦不知面”的交流互动。2021 年 12 月，一名测试人员在官方 Horizon 群组中发布消息称其在《地平线世界》中被陌生人骚扰，露骨玩笑、仇恨言论等在 VR 平台中并不少见，尽管 Meta 表示，这位测试人员没有利用《地平线世界》内置的安全功能来进入用户的“个人安全区”，静音、阻止或举报有不良行为的人，通过头显记录下相关信息传送给人工审核，但这个例子反映出元宇宙世界中的一个重大风险，即用户的隐私安全风险。隐私安全必须从一开始就在元宇宙中建立，在用户使用元宇宙相关产品前要给予充分的告知和详细的操作指导，并在元宇宙发展过程中持续跟进相关监管，规避安全风险和减少隐私漏洞。

尽管《地平线世界》以及相关的元宇宙产品尚未普及，绝大多数读者还未能亲身体验元宇宙的初级生态，但从上面对《地平线世界》的简单描述中我们同样可以窥探到元宇宙发展的缩影，比如各种元宇宙初级产品最核心的两大支柱：虚拟形象体验和用户创作资源。

元宇宙主打虚实融合，因此虚拟形象体验是元宇宙产品设计中至关重要的基本环。无论是创作各种各样的虚拟形象，还是接入 VR 设备制造沉浸式体验，其目的都是给用户提供更流畅、真实的虚拟形象体验。如果说虚拟形象体验是吸引用户进入元宇宙世界的主要方式，那么用户创作资源便是留住用户并拓展多元元宇宙世界的根本手段。正如扎克伯格所言："元宇宙将释放一个巨大的创造者经济。"关于《地平线世界》，维韦克·夏尔马认为：创造行为本身是《地平线世界》吸引力的一部分，创造就是一种产品。这也印证了元宇宙七层结构中的创作者经济层，通过提供创作工具保障用户生成内容、引导资本市场的商业流动、推动经济系统运转，以使整个元宇宙经济系统去中心化自驱动运作，达到真正的现实体验目标。

国内元宇宙产业布局微历史

国内，元宇宙的资本布局和技术探索同样在紧锣密鼓地进行。

2020 年 2 月，腾讯参投 Roblox 公司 1.5 亿美元 G 轮融资并独家代理 Roblox 中国区产品发行，2021 年 3 月，Roblox 公司成功登陆纽交所，上市首日市值即破 400 亿美元，被称为"元宇宙概念第一股"。此外，腾讯还投资了《堡垒之夜》游戏开发商 Epic，持有其 40%的股份，2021 年 4 月，Epic 融资 10 亿美元用于元宇宙相关业务的开发，创下当时元宇宙领域的最高融资纪录。自 2021 年 9 月以来，腾讯在天眼查 App 上注册的关于元宇宙的商标信息不少于 99 个，如“QQ 元宇宙”“幻核元宇宙”“和平精英元宇宙”等，商标申请均处在“等待实质审查”阶段。

2021 年 1 月，网易投资 3D 社交平台 IMVU，主打化身场景社交，拥有 VCOIN 代币和用户生成平台 WITHME，用户可以自由设计化身，在夜场、海滩、花园、豪宅、KTV 等场景中聊天并做出各种动作、姿势。网易的创始人兼 CEO 丁磊表示，一直以来，网易基于多样化产品，以用户需求为基础，持续重视研发投入，经过长期的技术积累，已在 VR、AR、人工智能、引擎、云游戏、区块链等元宇宙相关领域，拥有全球领先的技术储备，完全具备探索和开发元宇宙的技术和能力。他提到，网易已有瑶台沉浸式活动系统、虚拟人、星球区块链等元宇宙概念产品落地，并投资多家虚拟人领域创新公司，以推动从前端研发到终端商业场景应用的元宇宙全链路探索。未来，网易还将把探索经验、技术优势、创新模式等，与真实用户需求、产业需求深度结合，持续关注并加大研发投入，让元宇宙真正从概念走向应用，切实为社会创造价值。2021 年 12 月 2 日，网易云音乐登陆港交所，12 月 25 日，网易与三亚市政府签署战略合作协议，网易将在三亚设立网易海南总部，建设网易元宇宙产业基地项目。此外，双方还将在互动娱乐、电子竞技、音乐文化、电商直播、在线教育等领域深化合作。天眼查 App 显示，2021 年 10 月，杭州网易雷火科技有限公司、网易（杭州）网络有限公司、广州网易计算机系统有限公司等多个网易关联公司申请注册“网易元宇宙”“雷火元宇宙”“伏羲元宇宙”等商标，商标申请状态均为“等待实质审查”。

2021 年 3 月，移动沙盒平遥开发商 MetaApp 宣布完成 1 亿美元的 C 轮融资，成为迄今国内元宇宙领域最大规模的单笔融资。2021 年 6 月，宝通科技设立国内首家元宇宙公司（海南元宇宙科技有限公司），并与投资参股的一隅千象签署战略合作协议；2021 年 9 月，宝通科技与哈视奇持续深化合作，打造智慧物联下的“平行世界”。

2021 年 4 月，字节跳动投资元宇宙概念公司代码乾坤，同年 8 月又收购 VR 领域创业公司 Pico，将其并入 VR 业务线，整合字节跳动的内容资源和技术能力。统观字节跳动的元宇宙布局，在硬件及操作系统方面，收购 Pico 补足硬件短板；在底层架构方面，投资物理引擎开发商代码乾坤，其旗下的青少年 UGC 平台《重启世界》与 *Roblox* 具有高度相似性；收购端到端直播方案提供商维境视讯，基于核心技术提供 VR 端到端直播/点播解决方案；在内容与场景方面，通过业务产品，如今日头条、抖音、西瓜视频、TikTok、Faceu 激萌、飞书、图虫等矩阵覆盖全球 150 多个国家和地区，实现流量全球化。

2021 年 10 月，在 2021 云栖大会上，阿里巴巴达摩院宣布增设两大实验室：操作系统实验室和 XR 实验室。两大实验室将研究下一代云网融合架构下的操作系统和新一代移动计算平台。阿里巴巴达摩院 XR 实验室负责人在云栖大会上表示，AR、VR 眼镜是即将普及的下一代移动计算平台，基于新计算平台的新显示、新交互是元宇宙的本质。元宇宙范畴十分广泛，包含社交、电商、教育、游戏、支付等领域，移动互联网时代各种各样的应用都将在元宇宙中产生新的呈现方式。他认为，可以把未来虚拟世界的技术分为四个层次。第一层是全息构建，用三角形网格建立整个世界的外表，并在终端显示，打造一种沉浸式体验。第二层是全息仿真，要让虚拟世界无限逼近真实世界。这两层技术结合起来就能实现 VR 眼镜中的虚拟世界。第三层是虚实融合，让虚拟世界与真实世界融合起来。第四层是虚实联动，虚拟世界的改变能够对应到真实世界。目前 XR 实验室的研究方向是物品与人物的三维建模、高真实感渲染、自然人机交互、大场景地图与定位、机器人抓取操纵。产品及应用包括全息店铺、AR 平行世界、IDC 智能运维机器人。此外，阿里巴巴云游戏事业部的主体“元境生生”也已落地，或为阿里巴巴在元宇宙游戏领域的进一步布局。在商标申请方面，2021 年 9 月，阿里巴巴新加坡控股有限公司申请注册了“阿里元宇宙”“淘宝元宇宙”

等商标。目前商标申请状态为“等待实质审查”。

2021 年 11 月，百度宣布于 2021 年底在元宇宙中举办 Create 大会（也称百度 AI 开发者大会），2021 年 12 月 27 日正式推出的国内首个元宇宙 App 产品“希壤”赚足眼球。虽然自“希壤”正式推出以来，其用户体验仍有许多遗憾，但作为国内首个提供元宇宙产品公司的百度已经迈出向元宇宙探索的第一步，这无疑是一次勇敢的尝试。

从各大企业的布局来看，对待元宇宙是千人千面，Roblox 与腾讯是游戏元宇宙，脸书（Meta）是社交元宇宙，字节跳动可能是内容和生态元宇宙，微软是企业元宇宙和游戏元宇宙，英伟达提供元宇宙的底层技术、平台，阿里巴巴则依托老本行从电商入手……各大科技巨头企业纷纷从不同方面进军元宇宙，而无论从哪一条赛道进入，都需要把握好元宇宙的六大支撑技术，并细化其七个层次的发展。以 NFT 为例，各互联网巨头虽然涉足元宇宙的方向不同，但都是基于现有产品纷纷添加数字藏品元素，阿里巴巴推出支付宝 NFT 付款码皮肤、天猫首届双十一元宇宙艺术展；网易发售“有声《十三邀》数字艺术收藏品 NFT”；腾讯推出 23 周年纪念数字藏品；京东年度重磅技术大会 JD Discovery 推出 NFT 纪念凭证；字节跳动 TikTok 推出首个 NFT 系列——TikTok Top Moments，随后在《纽约时报》上买下整版广告宣传介绍将引入 NFT 以奖励内容创作用户……

这也揭示出未来元宇宙竞争环境下的一个重要发展趋势，即在多元的元宇宙竞争与发展生态中始终凝聚着核心的理念和技术共识。

社会进展与政府规划

2021 年 8 月 18 日，第一届中国 NFT 及元宇宙论坛成功举办；9 月 29 日，《2020—2021 中国元宇宙产业白皮书》启动会在北京成功举办，与会专家、学者一致认为，要以安全合规为前提发展元宇宙产业，积极推动我国相关技术发展和应用落地，助力我国产业转型升级；10 月 13 日，全国第一家元宇宙协会机构——中国民营科技实业家协会元宇宙工作委员会在北京成立；10 月 17 日，在中国电博会（CICE）上，我国元宇宙第一个城市加速基地——杭州正式启动，并在深圳、杭州启动工作会；11 月 20 日，《2020—2021 中国元宇宙产业白皮书》第二次研讨会在北京成功举办，会议以“元宇宙持续升温与游走灰色产业边缘”为主题，围绕全球元宇宙持续升温的现实背景、国内外政企主要立场、链游公会灰色产业和应对策略等议题进行了深入研讨。全体参会代表结合自身业务场景，从不同角度对元宇宙产业发展看法进行了分享，执笔专家汇报了白皮书对应的编写进度，并就相关技术、应用、政策的现状和未来发展趋势展开对话。

在基础设施发展方面，我国也在迅速跟进。以通信建设为例，2018 年，工业和信息化部部长苗圩表示我国已经着手研究 6G；2019 年，科技部宣布推动 6G 技术研发工作，同时成立 6G 技术研发推进工作组和总体专家组；2021 年，华为轮值董事长在华为全球分析师大会上表示，6G 将在 2030 年左右推向市场。

元宇宙作为互联网技术和数字化技术的创新性应用，在加快建设数字化中国的“十四五规划”指导下，其快速发展尤其是安全高速发展已受到社会各界的广泛关注和政府规划的极大重视。然而恰如本章开篇所言，不可否认的是，目前的技术发展水平距离使元宇宙的宏大愿景真正落地还需要付出很大的努力，需要很长一段时间的持续发展，所以让元宇宙的发展回归理性、社会各界合作推动元宇宙生态健康稳步前进是必要的发展要求，也是一定要实现的发展目标。

第 6 章 / *Chapter Six*

诱人的元宇宙红利

元宇宙不是特指某一类产品，也不是限定某些人的特权体验，而是一种自由开放的理念和概念。它强调虚实相融，通过整合多种新技术来产生新型虚实相融的互联网应用和社会形态；它基于 XR 技术提供沉浸式体验，基于数字孪生技术生成现实世界的镜像以打造虚拟世界，通过区块链技术搭建经济体系，将虚拟世界与现实世界在经济系统、社交系统、身份系统上密切融合，并且允许每个用户进行内容生产和编辑；它把虚拟和现实交融进一个巨大的社区，这个社区是已有现实的拓展，我们能够在其中自由地生活，在虚拟和现实之间灵活切换，直到我们日渐娴熟，难以分辨何为虚幻何为现实，一切都合情合理，一切又都不可思议。

沉浸式体验

Roblox公司提出的元宇宙八大要素之一便是沉浸感。所谓沉浸感，即让人专注于当前的目标情境并感到愉悦和满足，忘记真实世界的情境。沉浸式体验是指融合新媒体艺术，装置艺术，数字影像、特效、灯光设备技术等，通过投影融合技术，将投影画面投射到大型或者多面的投影幕上，配合音响、灯光、烟雾等，从各个层面包围观众，全面覆盖观众的视角，并通过互动感应系统智能控制与观众进行互动，如移步生花、手舞成花等，让参观者沉浸在充满趣味性、梦幻化的体验中。那么元宇宙中的沉浸式体验是怎样的呢？我们先举几个例子。

如果你是“打工族”中的一员，想象一下你喜欢的乐队正在遥远的城市举办激动人心的演唱会，你下班回到家，穿戴好VR设备瞬间进入演唱会现场的人山人海之中，就可以看到真实的现场，因为你的虚拟形象此刻正置身于此；你还会看到和你一样的各种各样的虚拟形象，他们是同样无法到场的歌迷。在元宇宙中，哪怕是虚拟化身置身于现场，也能从各个感官上感受现场的氛围，获得真实的演唱会体验。当你结束了这场愉快的演唱会，摘下VR设备后又回到现实世界中自己的房间，洗漱熄灯，躺在床上回想着刚才精彩的演唱会，慢慢进入梦乡……

又比如，你热爱社交却苦于终日忙碌，穿戴上 VR 设备后你进入舞池中央，舞会的现场出现了你的虚拟形象，真实的舞会景象也出现在你的身边，你可以邀请真正参加舞会的人或是与另一个虚拟形象一起，随着舒缓又动情的音乐翩翩起舞，在这个过程中你的感官、身体都被充分调动，感受着真实的舞会体验。一曲过后你在舞池中央热情互动，享受着社交的快乐。当你结束了这场快乐的舞会之旅，摘下 VR 设备，又回到了自己的房间，这一场说走就走的"旅行"是如此真实又欢乐。

如果你是一名学生，想象一下你课间休息的十分钟不再局限于嘈杂的教室，穿戴上 VR 设备可以沉浸到另一个世界，可能回到家里自己的房间，躺在床上小憩一会儿；可能来到海边，感受海风吹去一身疲惫；可能为了放松进行一场枪战游戏，身临其境地感受一番枪林弹雨；又或者到了另一座城市的好友身边，和她畅聊几分钟……而后，你心满意足地回到现实教室，上课铃声刚刚响起，你收拢思绪，精神饱满地投入下一节课程。

除了娱乐体验，虚拟世界还能够带来更低成本的需求满足。例如，你总是憧憬于极限运动的惊险刺激，却又担心危险发生而久久不敢尝试，戴上 VR 设备，虚拟世界提供了一种代价更低的方式，可以在满足体验感的同时消除你对危险的担忧；又如，为了解决线上购物无法检验真实物品质量的问题，借助 VR/AR 设备，你可以全方位虚拟预体验，在货比三家后谨慎购买，提升购物体验。

当然，上述这一切仅仅是想象，也许目前来看过于夸张，但从中我们能够感受到元宇宙所能提供的沉浸式体验。它借助虚拟技术，用户无须亲自去具体环境，而是使用虚拟形象便可体验，它是更加便捷和自由的；同时，它通过各项技术设备协调用户各个感官，使体验既真实又美妙。元宇宙中的沉浸式体验不再简单追求通过环境设计来使用户达到忘我的境地，而是通过科技的联结满足用户的主动需求和体验渴望，一方面获取意识上的主动满足，另一方面在被动的体验中达到忘我，并实现虚拟与现实场景的流畅转换。

虚拟社区与在线会议

虚拟社区

虚拟社区是为有相同的爱好、经历或从事相关业务的网络用户提供的一个网络交流空间，如在互联网早期兴盛一时的BBS论坛，现在的豆瓣、百度贴吧等在线评论社区，各电商网站的论坛甚至是网上购物的反馈交流区等，都是不同形式的虚拟社区。这些虚拟社区有一个共同点，它们仅限定于群文字聊天或者群语音会议、视频会议等，均局限于平面化的要素设计，缺乏真实体验；而体验感这一关键要素在其他场景中并不缺乏，从最具娱乐性的电子游戏中就能轻松获取。正如前面所述，现实世界的一个重要属性便是游戏属性，而元宇宙将融合游戏元素和虚拟社区功能，通过数字孪生技术、人工智能生成技术等将虚拟社区场景化，并通过 VR、AR 技术接入更接近于真实的虚拟体验。

每个人都可以接入虚拟世界，在由大家共同编辑打造的虚拟社区中进行交流、沟通甚至工作、购物。人们在其中的虚拟形象也可以自由设定，比如一个读书交流社区将每个人都设定成一本书，每个人的房屋设计成一个书架，在社区广场可以进行实时书评会议、共同参与多种游戏等。因为虚拟世界的低代价付出，每个人都有机会进行想要的尝试和体验，真正感受世界的丰富多彩。

智能群决策

决策支持系统（DSS）是近年发展起来的新兴管理信息科学，是计算机技术、运筹学理论和管理科学相结合的产物。它一经产生就受到社会各界的高度重视，显示了强大的生命力。许多成功的产品陆续商品化，并在企业管理、信息管理、财政金融、产业规划及军事指挥中发挥巨大的作用，大大提高了决策能力、决策水平和决策质量。而随着社会的发展、信息量的剧增，管理、决策越来越复杂，单单依靠某个决策者做出的决策往往不够完善。当今的企业管理过程及各行政部门的决策，通常是集中多个专家或决策者的意见，以形成更为合理、更加科学的群决策（group decision）。

所谓智能群决策，即利用人工智能与数字化技术优化协同与共享流程，通过优化群体智能数据、决策自动化的流程和环节，提高决策的可信度与智能度，而元宇宙在推动人工智能技术发展的同时，融合了各互联网技术，实现了交叉融合技术的快速发展，使群决策更加智能化，群推荐更加精准；结合虚拟协作，还可增强群决策支持系统（GSS）的用户友好度和使用便捷性，使其能够对团队协作和共享真正起到良好的辅助作用，实现智能群决策与虚拟协作的广泛普及，在保障协作安全可靠的同时提高生产生活效率。

虚拟协作与远程会议

现有虚拟协作产品，如钉钉、飞书、企业微信等，其沟通方式均以留言式的平面化文字聊天为主，如群聊、私聊、设置公告等，虽然可以提供视频功能，但由于缺少对用户的实时状态监控，功能使用并不灵活，且单个协作工具都只能完成单项或几项特定功能，一个团队项目的完整协作需要同时使用多个协作工具，操作烦琐且功能分散，协作效率并不高。除此之外，现有协作工具的交互设计基本上都是简单的平面化设计，文字聊天、视频通话、语音通话都只是平面界面的窗口显示，缺少更形象生动的可视化设计，导致协作团队的创作空间小、使用灵活性低，缺乏真实的协作体验，内容枯燥，且移动端操作极为不便。虽然一些协作工具采用了人机协作、人工智能引导推荐等交互方式，但其智能性不够，对内容的识别和推荐不够精准或协作模式过于生硬，同样降低了协作的效率和协作体验感。类似于虚拟协作，现有形式的远程会议，如腾讯会议、钉钉会议等，同样存在上述沟通方式平面化、会议协作效率低下与体验感差等问题。

元宇宙的发展很好地解决了以上问题：通过引入 VR/AR、人工智能以及数字孪生技术等实现协作和会议的场景化，营造沉浸式的协作体验，如实时打造咖啡厅、会议室等场景，给协作团队成员和会议成员创建虚拟形象，通过 VR 设备接入场景之中，同步连接语音、视频，并在场景中融合各项协作工具，各成员虽相距甚远，却可以有身处实地的共同协作体验，一旦会议结束，摘下 VR 设备即可从虚拟世界回到现实世界，便捷又高效。

虚拟办公与弹性工作

疫情暴发之后，为了保障社会生产生活，各工作单位、社会企业均采用了线上办公的形式，如飞书、钉钉、企业微信等，此类工具通过整合聊天沟通、视频/语音会议、在线文档编辑等协作方式来连接成员，进行线上办公。

线上办公在保证工作生产的同时，消除了线下工作的通勤时间困扰，从而为员工留出了更充足的时间，然而，目前线上办公的发展形式仍旧过于生硬，存在前一小节中所描述的各虚拟协作产品的缺点，无法在弹性工作的自由之下保障工作效率。

元宇宙内的虚拟办公可以通过打造统一的办公空间，将员工以虚拟形象接入空间内进行办公，其在虚拟空间内的工作形式完全和现实空间一样。同时，为了充分利用时间，员工可以在自己空闲的时间，选择弹性工作，随时退出虚拟空间去解决其他问题，在允许的时间内再接回办公空间，在保证工作效率的前提下实现弹性工作。

数字商务与平台经济

数字经济与电子商务

数字经济是继农业经济、工业经济之后的主要经济形态，是以数据资源为关键要素，以现代信息网络为主要载体，以信息通信技术融合应用、全要素数字化转型为重要推动力，促进公平与效率更加统一的新经济形态。数字经济发展速度之快、辐射范围之广、影响程度之深前所未有，正推动生产方式、生活方式和治理方式深刻变革，成为重组全球要素资源、重塑全球经济结构、改变全球竞争格局的关键力量。

——《“十四五”数字经济发展规划》

目前，数字经济已经发展出多种形态，共享经济、外卖平台、电子支付、移动商务、社交商务等系列形态均属于数字经济范畴。《“十四五”数字经济发展规划》指出，我国数字经济已经转向深化应用、规范发展、普惠共享的新阶段。这意味着数字经济要进一步改善技术支持、完善发展规范，并为用户提供更普惠友善的共享服务。元宇宙的到来恰好迎合了这一发展需求。以电子商务为例，早在《电子商务“十三五”发展规划》中便指出了电子商务的重要发展作用。

电子商务是网络化的新型经济活动，是推动“互联网+”发展的重要力量，是新经济的主要组成部分。电子商务经济以其开放性、全球化、低成本、高效率的优势，广泛渗透到生产、流通、消费及民生等领域，在培育新业态、创造新需求、拓展新市场、促进传统产业转型升级、推动公共服务创新等方面的作用日渐凸显，成为国民经济和社会发展新动力，孕育全球经济合作新机遇。

——《电子商务“十三五”发展规划》

而《“十四五”电子商务发展规划》在肯定电子商务发展成就的同时，进一步强调了其重要的发展作用，尤其肯定了电子商务在抗击疫情中的重要作用。如今，农村电商、跨境电商、丝路电商等各类电子商务形态都亟须进一步规范和深入发展，而元宇宙的应用能够从技术、体验、流畅度等各个方面提高电子商务的发展水平。

微案例 6.1

元宇宙商城

元宇宙商城是基于元宇宙底层技术 AR 和 VR 创建的，具有商品 3D 展示、实时同频同声互动、支付和交易以及综合服务、互联网推广与分享等诸多功能，并且为消费者提供沉浸式购物体验的商业生态圈。元宇宙商城是互联网各平台购物商城的升级版和终极发展模式，是科学技术发展的产物，也是互联网进程的必然。在元宇宙商城中，除了现有互联网购物的功能应有尽有之外，最核心的四大差异化优势是：商品 3D 展示和个性化定制；VR 带看；AR 试摆；同频同声互动。现在在绝大多数互联网购物平台和小程序商城中商品是二维平面化展示的，而元宇宙商城中的商品是三维（3D）空间展示的，可以做到 360°无死角展示商品。

除此之外，元宇宙商城可以为消费者提供个性化定制服务，消费者可以随心所欲地选择不同材质、款式、颜色和功能的商品，并在线上下单定制。元宇宙商城的VR带看是优势之一，VR是元宇宙的底层技术，消费者可以通过VR带看实现同频同声与客服沟通，深入详尽地了解商品和服务，快速做出购物决断，促进交易完成。元宇宙商城的AR试摆是另一个明显优势，AR试摆通俗地说就是将3D展示模型拖拽到真实的场景中进行摆放，查看商品的摆放效果，这就是身临其境的沉浸式购物体验。除此之外，元宇宙商城的同频同声互动也是目前互联网购物平台和商城无法实现的。

元宇宙商城的代表性雏形——AR定制商城致力于为品牌企业销售提供个性化3D定制商城，用户可以通过商品的3D展示对商品的构件、材质及颜色进行自由选择，即时呈现定制后的商品效果，快速满足用户的个性化需求。用户还可以自我创作（DIY）商品，完成购买支付。这将大大削减工业设计、生产制造和供应链环节，并且实现商品零库存，大幅降低企业成本，增加利润。

数字平台

数字平台是融合技术、聚合数据、赋能应用的机构数字服务中枢，以智能数字技术为部件，以数据为生产资源，以标准数字服务为产出物，使机构业务创新和运营高效，助力机构数据管理和价值挖掘，降低机构技术运营和技术管理复杂度。数字平台能够对外提供可调用、松耦合、弹性的标准化数字服务，通过数字服务横向连接产业链上下游，纵向连接企业各机构部门，为其提供快速、灵活的数字化服务。数字平台具有融合、智能、可传承三大特性。

融合：是指融合机构传统技术架构，保护既有投资；融合未来创新技术，保障持续创新；融合外部数字服务，从“自力更生”转向“开放共享”。

智能：包括平台智能化和智能化能力输出。平台智能化指平台所有组件具有智能化特征，可以实现自动治理、智能运维、系统自愈、智能安全等功能。智能化能力输出指平台能够对外提供智能化能力，包括 AI 计算能力、AI 分析能力、AI 数字服务。

可传承：通过解耦、功能复用、可配置等理念打造的架构，能够面向未来的“万变”保持“不变”。

在加快建设数字中国的战略指引下，我国的平台经济高速发展。现有数字平台包括淘宝、京东等购物平台，美团、饿了么等外卖平台，抖音、快手、小红书等社交商务平台及各类电子商务直播平台等，其日渐增长的用户量便是平台经济日渐繁荣的一个重要体现。未来通过元宇宙对各项数字化技术的深度融合发展，各数字平台将更好地发挥两种价值：一是企业价值，保障企业业务创新高效运营，建立组织数据资源池，释放沉睡的数据价值，降低技术运营和技术管理的复杂度；二是社会价值，通过技术普惠消除不平等、降低壁垒，以技术服务促进全要素、生产率的提升，也更好地助力数字中国战略的发展建设。

数字化转型

数字化转型是顺应新一轮科技革命和产业变革趋势，不断深化应用云计算、大数据、物联网、人工智能、区块链等新一代信息技术，激发数据要素创新驱动潜能，打造提升信息时代生存和发展能力，加速业务优化升级和创新转型，改造提升传统动能，培育发展新动能，创造、传递并获取新价值，实现转型升级和创新发展的过程。近年来，互联网、大数据、云计算、人工智能、区块链等技术加速创新，日益融入经济社会发展各领域全过程，世界主要国家和地区纷纷加快数字化转型战略布局。加快推进数字化转型，是“十四五”时期建设网络强国、数字中国的重要战略任务。2021 年 12 月，中央网络安全和信息化委员会印发《“十四五”国家信息化规划》（以下简称《规划》），部署了构建产业数字化转型发展体系重大任务，明确了数字化转型的发展方向、主要任务、重点工程。

目前我国的数字化水平在农业、工业、服务业及新业态、新模式中都有极大提升，数字化转型已经取得一定效果。

微案例 6.2

（一）金融服务业

在面向个人的金融服务市场中，阿里巴巴（支付宝）和腾讯（微信）毫无疑问已经彻底颠覆我国金融服务业，这两家公司从“场景”切入个人生活，提供支付、信用、理财、保险等服务。虽然几乎所有传统银行都提供网银服务，但网银只是个人账户的简单数字化延伸，并不属于数字化转型，而招商银行的网银和掌上生活两个 App 强调用户体验，采取了类似支付宝的生活场景切入策略，相比其他银行的类似举措，更具有数字化转型特点；在运营数字化转型上，从 2010 年开始，历时 7 年的中国建设银行的新一代核心系统建设可能是我国金融业有史以来最庞大的系统建设工程，围绕业务运营的产品管理、营销支持、产品运营、业务支持、风险管控、决策与报告等六个方面，对流程、数据、产品和用户交互等进行建模，实现了组件化、平台化的现代化 IT 架构。企业的数字化运营转型不仅是技术问题，推进相应的组织、人员变革的也是巨大的挑战。

（二）制造业

制造业向用户提供的产品和服务，从物理产品变成数字化产品，最典型的例子是车联网。目前提供车联网服务的企业很多，其中三一重工是工程机械行业的先行者。十多年前，三一重工就在其产品中广泛设置了互联传感器，其初衷是提高产品运行状态诊断及主动性维修服务的效率，以及加强租赁销售资产保全。今天，数字化互联产品甚至起到了帮助政府进行经济决策的作用：美的数字化转型围绕运营数字化展开，从2012年底开始的“632工程”（6个运营系统：产品生命周期管理（PLM）、高级计划与排程（APS）、供应商协同管理（SRM）、企业资源计划（ERP）、制造执行系统（MES）、客户关系管理（CRM）。3个管理系统：财务、人力、商业智能（BI）。2个集成：用户界面集成、数据集成），到工业互联网和数字化灯塔工厂建设，能观察到的是运营体系的全面数字化，而背后的驱动力是美的的组织扁平化、产销模式变化（美的称为“T＋3”）等一系列运营变革，美的也从这轮数字化转型中取得了显著效益。利用数字化实现从卖产品到卖服务的制造业商业模式转型，远景能源是个很好的案例。十多年前我国曾经掀起一阵风电设备热，远景能源从众多的风能发电机制造企业中脱颖而出，其基于物联网和大数据，以能源物联网平台为愿景，提供智慧风场管理软件、能源资产管理服务、能源互联网技术服务等，并且自营风力发电场。

（三）消费品和零售业

消费品和零售业是我们可以最直接感知到的数字化转型前沿。在数字化产品方面，近年来，我们购买星巴克的方式已经在不知不觉中，从门店柜台转移到了啡快 App 上，这也使得星巴克在国外早就在尝试的“超级个性化推荐”在我国成为可能。在零售运营上，数字化已经历多个发展阶段的尝试、失败、迭代，如智能销售助理、数字化无人门店、阿里新零售等，今天会员数字化和社交销售已经成了零售标配，宝岛眼镜是个很好的案例。通过渠道销售的快速消费品企业，早已经把广告投入的主战场从电视、室外广告牌等传统媒体，转移到了投放更精准、策略更复杂的数字化媒体上，并且加强数字化用户运营，建立自有流量池，数字化营销已经是快速消费品企业数字化转型的普遍实践。前述数字化转型还只是在用户界面或者营销运营上体现，数字化驱动的商业模式转型的巨大挑战是价值链再造中的利益分配问题，这也就出现了“戴头盔看房”这样荒诞而真实的现象。

尽管数字化转型已经取得一些成效，但正如《规划》中所指出的，我国数字化发展仍然存在区域间、产业和企业间发展不平衡，数字经济与实体经济融合不够，数字化转型引发的结

构性失业风险增加，数字化和绿色化协同发展缺乏等问题，而元宇宙对 5G、人工智能、云计算等为代表的新兴数字信息技术的创新性融合发展，将为数字化转型提供更可靠的技术保障，加速现有数字化转型进程，拉动数字经济进一步飞跃发展。

在线教育与公共服务

在线教育：大学生 MOOC

大学生需要培养的一项重要能力是自主学习的能力，互联网技术的发展使更多的学习资源得以共享，随时随地学习不再是奢望。然而，由于大学生受到的外界约束力小，线上学习、自主学习对其自律能力提出了更高的要求，尤其是目前在线教育均为教师单向传授式，学生的实时反馈缺乏，同时也没有在教室里学生一起学习的参与感和体验感，学习氛围较差，极大影响了在线学习的效率。而借助元宇宙搭建虚拟教室，无论是直播课堂还是录播课堂，都能够实时同步正在听课的学生，营造更真实的课堂氛围，提高学生学习的主动性和专注度。同时，借助虚拟形象，直播课堂的教师可以实时看到学生进出教室，并与正在教室里学习的学生实时互动，及时获取教学反馈，更好地保障课堂质量。

“办实事，求实效”：创新的政务服务

随着互联网技术的发展，电子政务也在不断创新。为了更便捷地服务群众、解决政务问题，各电子政务平台不断提升综合服务能力。然而，目前电子政务平台界面过于简单，可视化并不友好，同时缺乏新手使用指导，各项功能及服务流程的具体操作不易上手。在事务办理过程中，与一些群众的沟通不畅使政务服务流程进展得并不顺利。而在元宇宙中，电子政务同样可以场景化，并实时连接音频、视频甚至综合多种感官信息，一是给办事群众带来受重视的正式感，二是极大提升服务质量和办事效率。对于政府服务引导，可以通过引入人工智能向导的虚拟形象，就服务流程、注意事项等问题对办事群众进行引导，提高问题解决效率，提升服务咨询体验感。

智慧医养

元宇宙的发展为远程医疗和智慧养老提供了新的可能性。在远程医疗中，元宇宙对技术的深度融合发展可以极大提高诊断的准确性。以心理治疗为例，由于患者的种种顾虑，心理治疗的普及度并不高，很大一部分患者得不到及时治疗。通过元宇宙的技术联结，患者和心理医生都可以凭借虚拟形象出现在具体的场景中，医生甚至可以根据患者的治疗需要及时更换场

景作为辅助治疗手段。虚拟形象的引入打消了患者对个人隐私等方面的顾虑，从而使患者能够敞开心扉，主动接受治疗。与此同时，凭借 VR 等设备的引入，医生可以及时捕捉患者的各项身体甚至是表情动态信息，进行更好的针对性治疗。

在智慧养老方面，元宇宙的应用可以综合改善现有的各项智能健康养老产品，如穿戴设备、健康检测设备、通信设备以及社区机构的各项使用设备等，深度融合人工智能、物联网、云计算等各项技术，在提升设备使用效率的同时降低使用门槛，更好地提供养老服务。

国际交流与合作

新冠肺炎疫情的全球肆虐使“云外交”成为国际交流与合作的重要手段，其所依托的是跨国远程会议，所以前面远程会议部分提到的种种在协作效率、会议体验等环节暴露出的问题在“云外交”情境下仍然存在，而元宇宙的发展在解决这些远程会议问题、提升会议效率和体验感的同时，还为各国提供了一个良好的展示平台。各国可以在元宇宙中打造自己专属的虚拟空间，将本国的风土人情数字化，在云端外交或国际会议中吸引他国成员游览、参观等，甚至可以进行相关经济活动，促进国家之间的相互了解和友好交流。

第 7 章 / *Chapter Seven*

木桶效应：元宇宙发展要素分析

场景入口

当下，元宇宙的场景入口已在多个领域得到初步尝试，众所周知，游戏是最早出现的场景，展览、教育、设计规划、医疗、工业制造以及政府公共服务等也随之开启初步探索，其中人们对于游戏、医疗以及政府服务的关注度更高，场景入口的具体情况读者可从下面的案例中进一步探索了解。

前端设备平台

VR/AR

（1）市场布局现状。VR/AR 技术可以说是元宇宙的入口，当下也有许多企业正在布局。目前全球 VR/AR 行业中的公司主要包括 Oculus、索尼、HTC、Valve、三星、微软、暴风魔镜、乐相科技、小米等。以 2020 年为分水岭，先有 HTC、索尼、Oculus 三分天下的格局，而后 Oculus 逐渐取得行业领先位置。

Oculus 于 2014 年被脸书收购，此后原先的社交领域巨头便不遗余力地布局 XR 生态，从硬件、软件、内容等方面深耕并取得一定成果。例如在 2020 年，脸书正式推出 VR 社交平台 Facebook Horizon，为用户提供角色创建、生活经营的独特空间，朋友聚会、娱乐等场景皆可在其中实现。

国内的华为也将 XR 作为其战略储备的关键技术之一，在硬件、软件以及生态建设方面均有布局。在硬件方面，华为分别于 2016 年和 2017 年发布首款 VR 眼镜 HUAWEI VR 以及支持多平台终端的 VR 2 头显，并在 2020 年发布附带 6 DOF 功能的 HUAWEI VR Glass 游戏套装等。在软件方面，华为在 2018 年华为开发者大会上发布了通用 AR 引擎华为 AR Engine，截至

2021年2月，其安装量已达11亿次，覆盖106款机型，同时还推出全新的AR内容开发工具Reality Studio，提供3D场景编辑、动画制作及事件交互等功能，可在教育培训、电子商务购物等领域应用。在生态建设方面，华为于2021年6月举办5G+AR峰会并发布《AR洞察与应用实践白皮书》，呼吁促进5G+AR端到端产业链的发展。与此同时，华为运营商营销执行部部长赵志鹏表示，华为正在构建以AR引擎和开发者工具包为中心的AR开发者社区，以供合作伙伴的快捷接入与方案提供，进而更好地服务客户及消费者。

国内各大互联网巨头也在加紧XR领域的布局。2021年11月，腾讯旗下的投资公司购买了拥有XR触觉模拟技术的英国厂商Ultraleap的部分股权；阿里巴巴的XR入口更多置于未来购物领域，如实现600人同场VR购物的“Buy+”计划、千万商家共建“Buy+”的“造物神计划”，以及对Magic Leap公司的投资等；百度则在2021年6月发布百度VR 2.0的全景架构，通过AI+VR打造教育、营销、政企、工业等领域的一体化连通业务场景。

（2）发展局限。2016年被人们称为“VR元年”，但元年过后由于技术受限，VR技术在用户体验和生态系统完整性等方面久未取得突破。当下，VR/AR技术的发展仍面临几大关键问题。

首先，从最重要的用户体验维度来看，当前设备的参数指标无法为用户提供优质、可持续的使用体验。以 VR 设备为例，决定用户体验感的参数指标主要是分辨率和刷新率，二者分别对应场景的清晰度与画面的流畅度。如需达到人眼观看最自然的清晰度，VR 设备需达到 16K 的分辨率，而目前市面上的 VR 设备最高仅支持 4K 的分辨率。元宇宙时代，人们的工作和生活在很大程度上将与虚拟世界相连接，由此对 VR 设备的流畅度将提出更高要求，延迟与重影的出现都将影响生活、办公场景的正常呈现。如需保证人们在使用 VR 设备时不产生眩晕感，最理想的刷新率是 180Hz，而当下 VR 头显刷新率大多在 70～120Hz，显然无法满足要求。

其次，VR 技术的实现成本过高，商业上无法得到普及。当下，配置较高的 VR 设备大多达到 4 000 元及以上的价格，且用户在购置 VR 头显后还需购买相应性能的主机设备，总体成本就普及角度而言仍较高。与此同时，VR 技术的实现不仅需要考虑硬件设备，还有对口软件的开发，这也需要极大的成本。

最后，算力负荷过高导致设备续航性及轻便性有待完善。XR 设备的投入使用需要其具有高性能，以及强大的计算能力。由于当下高性能与低功耗的矛盾仍未有可落地的破局之道，现有设备功耗过大而无法提供较好的续航性；同时，当下若要达到高性能低功耗的要求，需要更多的算力单位加以支撑，自然需要更多的存储空间，设备的体积及重量都将不可避免地增加，设备的可移动性较差。

（3）发展趋势。就发展趋势而言，显示技术在自身领域以及外域加持的境况下展现出了向好的突破之势。2021 年，Oculus Quest 2 的推出为市场带来了一体机模式＋性价比的最优解，在发售后 3 个月，销量已达近 300 万台，截至 11 月中旬，其总销量已超 1 000 万台，如黑夜中的一丝亮光，重新照亮了沉寂已久的 VR 市场。在 2022 年，苹果、Meta 等厂商都将推出其新一代 VR 产品，内容厂商也将配合开发各类游戏、社交等元宇宙服务。伴随 NFT 和虚拟货币的火热，距其真正成为元宇宙的入口，或许又近了一步。

智能可穿戴设备

智能可穿戴设备是人们通往元宇宙的重要设备，根据应用领域主要可分为消费级智能可穿戴设备和医用级智能可穿戴设备。

2012 年谷歌发布 Google Glass 项目，将智能可穿戴设备这一概念带入大众视野，2012 年也因此成为可穿戴设备集中迸发的“元年”。此后国内外各大科技企业，如华为、小米、三星、LG、微软、苹果等纷纷入局。智能可穿戴设备两个细分领域的企业布局情况如表 7-1 所示。

表 7-1　智能可穿戴设备细分领域企业布局情况

智能可穿戴设备领域	布局企业
消费级设备	小米、华为、苹果、三星、LG、Fitbit、谷歌、索尼、佳明等
医用级设备（慢病监测）	微康（血压监测、体温监测）、欧姆龙（血压监测）、怡成（血糖监测）、九安（血糖监测）、熙健（心电监测）、乐心（心电监测、血压监测）、信臣健康（体温监测）
医用级设备（干预治疗）	Empatica、TMG-BMC、Medtronic、NOVOCURE、WellDoc、好博医疗

根据著名市场分析研究机构 IPC 发布的报告，2016—2021 年，全球智能可穿戴设备总出货量连年增长，其中，2019 年由于无线耳机的广泛应用，全球年出货量达 3.37 亿部，同比增长 89%；2020 年，全球年出货量达 4.45 亿台。从我国企业布局角度来看，2020 年小米可穿戴设备出货量为 3 770 万台，市场份额占比 20.3%，位列第一；华为可穿戴设备出货量为 3 220 万台，市场份额占比 17.4%，位列第二，可见我国企业在智能可穿戴设备上的表现十分亮眼。2021 年，苹果得益于 AirPods 系列无线耳机的热销，仍占据全球智能可穿戴设备出货量榜首，其次是小米和三星，小米高性价比的无线耳机为其发展带来了一大突破力，华为在 2021 年第三季度中出货量也增长了 3.7%。

消费级智能可穿戴设备种类繁多，涉及人们生活的方方面面，从智能手环、手表等常见产品，到智能服装、书包、鞋袜等各类非主流产品形态，争相为人们的生活带来全新体验。2021 年 12 月

6 日，IDC 公布 2021 年第三季度全球智能可穿戴设备的出货量报告，显示耳戴式设备与腕式设备出货量都有所增长，事实上受限于技术、成本、使用习惯等多方面因素，智能手表、手环和耳机占据了消费级可穿戴设备市场的绝大部分份额，而其他类型的产品如智能眼镜和智能头显等的市场规模仍较小。

就医用级智能可穿戴设备领域而言，目前开发和使用较成熟的主要包括慢病监测类智能可穿戴设备和干预治疗类智能可穿戴设备两类。其中，前者主要聚焦于某一特定慢性病种，实现类似健康管理助手的功能，即通过实时健康数据监测、科学健康管控等在一定程度上缓解医疗资源分布不均衡的问题。而干预治疗类智能可穿戴设备目前尚处于起步阶段，其主要通过研发间歇式震颤监测系统、人工胰腺系统等帮助人们缩短诊疗流程，或制造机械外骨骼设备为患者提供术后复健辅助，提供强有力的运动姿态支撑等。

云服务平台

前面章节介绍过云计算，本节将对云服务平台的现状进行简要介绍。

云服务平台的建设是支撑元宇宙发展的重要基础，调研机构 Synergy Research Group 发布的数据显示，截至 2021 年第三季度，云基础设施服务商的市场规模前三位是：亚马逊云计算服务（Amazon Web Services，AWS）、Microsoft Azure 以及谷歌云平台（Google Cloud Platform，GCP），具体市场规模占比如图 7－1 所示。

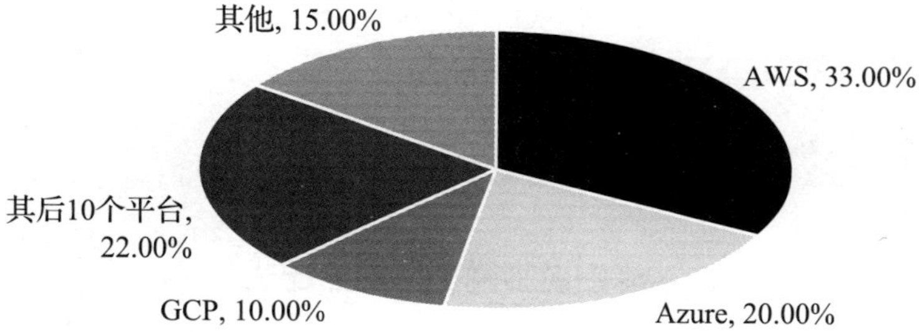

图 7－1　全球云服务平台市场规模分布

接下来，读者可进一步通过以下两个云服务平台的应用微案例，对其现状进行了解。

微案例 7.1

AWS 赋能赛车领域

世界一级方程式锦标赛（FIA Formula 1 World Championship，F1）对于数据的捕捉在精度、速度上具有极高要求：每辆赛车上都有 300 个传感器，每秒可产生超过 110 万个数据点，且赛车的最高时速可达 350mph，进站时间不超过 2 秒，高速过弯时横向向心力达 5G。F1 与 AWS 合作后，后者提供的高性能计算技术能够辅助其实现短时间内的海量数据处理，进而细致分析洞察不同车手、车队之间的参数差异，进行精准排名，并通过挖掘车队瞬时决定、战术设计提升车迷的体验感。同时，AWS提供的服务能够帮助F1进行空气动力学模拟，将开发速度提升70%，并有效改善研发效果，如将赛车下压力损失从50%降低到15%等。

微案例7.2

米哈游对阿里云的信任

米哈游是一家成立于2014年的游戏科技公司，2016年开启国际化旅程后，米哈游的《崩坏3》多次在海外市场遭到黑客大量访问服务器的恶意攻击。后来，米哈游与阿里云合作，两家公司的工程师探讨出一个解决之策，即将玩家请求先通过阿里云高仿IP进行流量清洗，再转回原机房，由此抵挡了上百GB的分布式拒绝服务（DDOS）攻击。后来，米哈游的巨制《原神》面世，这是一款多平台、“大通服”、全球同步公测的游戏，对于每秒查询率（QPS）、中央处理器（CPU）和内存负载都有极高要求，米哈游一如既往地选择了阿里云。事实证明，阿里云确实扛住了挑战。2020年9月28日，《原神》全球同步公测开启，最高同时在线玩家人数（PCU）最终超过了所有人的预期，结果却仍如以往一般可靠、顺利。

底层架构与后端基建

底层架构

（1）区块链。区块链对元宇宙中的身份认证系统、经济系统、内容生产体系等具有重要意义。

在政策方面，许多国家将区块链技术发展上升到国家战略层面，如美国在 2020 年 10 月发布的《关键与新兴技术国家战略》中，强调了区块链保护国家基础设施安全的重要作用；新加坡政府则在 2020 年 12 月拨款 1 200 万美元，助力区块链的创新以及产业融合应用；我国政府对于区块链技术的发展也极为重视，2019 年便提出要把区块链作为核心技术自主创新的重要突破口，明确主攻方向，加大投入力度，着力攻克一批关键核心技术，加快推动区块链技术和产业创新发展。

根据《中国区块链行业市场前瞻与投资战略规划分析报告》，我国区块链市场规模近年来迅速增长，从 2017 年的 0.85 亿美元一路增长至 2020 年的 5.61 亿美元。同时，区块链的应用领域也随着技术的发展不断扩展，目前已覆盖金融应用、解决方案、后端即服务（BaaS）平台、供应链应用、数据服务等领域，其中，金融应用占据市场首位，而依托供应链应用、数据服务等领域的发展，零售和消费品领域呈现出了极大的增长潜力。

对于区块链技术具体的应用发展情况，读者可参考下面NFT和虚拟货币的介绍，从区块链衍生品视角一探究竟。

（2）NFT。

1）NFT的领域发展。在元宇宙中，只要是可以被占有的物品都可被打造为NFT，而元宇宙也将为NFT打造各种各样的应用场景。

2021年，在新冠肺炎疫情的冲击下，数字化应用理念深化，元宇宙热度大增，NFT的发展也步入快速扩张期，而这一年也被誉为全球NFT的元年。全球知名加密数据分析平台Coin Gecko的数据显示，2020年末，全球NFT的市值仅为3.17亿美元，而市场调查机构Chainalysis发布的报告显示，2021年NFT市场规模已经至少达到269亿美元，可见在2021年，NFT的市值实现高速增长。随着各类NFT交易平台的上线、发展，NFT交易市场也得到了蓬勃发展，2021年NFT市值先后取得两次大突破，分别在4月16日、11月1日突破300亿美元和450亿美元。截至2022年1月，Axie Infinity（8 548 147 021美元）、Theta Network（7 828 353 580美元）和Flow（4 507 444 477美元）占据了NFT的市场高位。

NFT的落地领域包括游戏、收藏品、艺术品、金融业务及其衍生品、虚拟世界等，当下主要集中在艺术品、收藏品和游戏领域，表 7－2 概括了 NFT 主要落地领域的相关平台布局情况。

表 7－2　NFT 主要落地领域的相关平台布局情况

领域	NFT 平台
游戏	CryptoKitties、Axie Infinity、Chainmonsters、SORARE、Evolution Land、Enjin、League of Kindoms
艺术品	OpenSea、Superare、Rarible、LinkArt、JoyWorld、Meebit、Cryptograph、Cryptopunks Unstoppable Domains、LinkDNS、Ethereum Name Service
金融业务及其衍生品	MakerDAO、Compound、SNX、MFT、Lien、Yinsure. finance、BarnBridge、Hegic＋YFI
虚拟世界	Decentraland、The Sandbox、Cryptovoxels、Somnium Space、Treeverse

不少服饰品牌也展开了 NFT 产品布局。2021 年 12 月 17 日，运动服饰巨头阿迪达斯推出一款 NFT 系列的 adidas Originals 服装，3 万件商品迅速售空，为阿迪达斯带来逾 2 300 万美元的销售收入。而在 11 月，耐克也与 Roblox 合作推出《耐克世界》，不久后又宣布收购 NFT 时装和收藏品初创公司 RTFKT，以加快在元宇宙的布局进展。

当下，NFT 虽在多个领域取得发展，但其在发展过程中仍存在不可忽视的局限性。

首先是 NFT 项目对于各自中心化运营机构过于依赖。NFT 目前尚无统一的执行标准，其数据均由相应的中心化运营机构解释和执行，而NFT内含链接指向的数据内容往往存储在中心化机构的服务器内，链接虽不可更改，但其对应的内容存在替换的空间，这将导致投资者与开发者的利益难以保证。

其次是从宏观层面来看，NFT在国际市场上的相关政策仍处于探索阶段，NFT与加密数字货币市场的价值互认尚未得到法律层面的明确界定，而作为数字交易类产品，其可能存在的炒作、洗钱等问题也没有相应的法律约束措施。一个领域、一个行业的兴起，不仅需要自下而上的技术支持，还需要自上而下的政策规范，如此才能实现从技术到产业的突破，这也是NFT完善的未来必经之路。

2）NFT的国内市场状况。首先，我们可以了解一下国内的两款NFT平台。

微案例7.3

支付宝NFT与腾讯NFT

2021年6月，阿里巴巴与敦煌美术研究所联合上线“敦煌飞天”“九色鹿”NFT付款码皮肤，这两款NFT产品各限量8 000个，且由于门槛较低，一个产品只需10个支付宝积分外加9.9元，一经推出就被网友一抢而光。NFT付款码皮肤是通过NFT技术，用一串独一无二的编码锚定一个付款码皮肤，在用户购买后该皮肤便会显示在其付款码的上方，皮肤拥有者则相当于获得了一件“数字收藏品”。产品推出后，“敦煌飞天”等NFT 产品在二手交易平台被炒作至 150 万元，引发广泛争议。

2021 年 8 月，腾讯发布国内首个 NFT 交易 App“幻核”，并先后推出 300 枚限量版黑胶唱片 NFT 及 3 136 枚万华镜数字民族图鉴。以第一款产品为例，它是幻核联合深度思考类访谈节目《十三邀》推出的音频 NFT 收藏唱片，其中包括陈嘉映、李诞、李安、五条人、郝蕾、吴国胜等人的语录，旨在通过区块链技术实现思考的介质承载，并为数字赋予温度及意义。用户可以生成收藏海报证书，或与藏品进行简单的互动。

以上两款 NFT 平台与国际市场定义的 NFT 平台仍有一定区别，许多 NFT 平台的设计并不能完全实现 NFT 的价值。首先，阿里巴巴和腾讯均将其 NFT 称为非同质化权益证明而非非同质化代币。在前者的定义中，NFT 所有者不仅拥有使用权，还拥有版权，可以进行二次销售、流通，而后者更多体现的是观赏价值：支付宝 NFT 小程序在条款中明确注明，用户至少持有 180 天后才可转赠给好友，幻核则并未给用户提供 NFT 转赠或转卖的入口。其次，从发行的底层架构来看，支付宝 NFT 基于蚂蚁链发行，腾讯 NFT 则是基于腾讯自主研发的区块链“至信链”发行，二者均属于联盟链的范畴，而国际市场上的 NFT

更多是基于以太坊等公链发行。除此之外，在购买方式上，国际 NFT 通常是在专属 NFT 交易平台上，通过以太币等加密资产支付实现交易，而国内如支付宝 NFT 是通过积分兑换及人民币购买的途径进行交易。

国内同样存在其他 NFT 交易平台，如 umx. art、NFT 中国、ODin NFT 等。此类平台主要存在两级市场，在首发市场上人们可进行 NFT 作品的发售，而发售过后藏品亦可在二级市场中自由流通，让消费者在加密的自由交易市场环境中通过收藏、转卖来实现藏品流通与增值。此处主要介绍 umx. art、NFT 中国。

微案例 7. 4

umx. art 和 NFT 中国

umx. art 于 2021 年 5 月 12 日正式上线，是我国首个合规的 NFT 加密艺术品发布与交易平台。umx. art 利用加密技术保证艺术家的作品版权，并承担艺术家及其作品的理念宣传工作，为各类艺术作品尤其是混合数字艺术提供一个绝佳的创作发布平台；面向 C 端则采用在微信端设置安全秘钥的方式实现微信资产钱包功能，遵循国内用户的消费习惯，助力其更加便捷地实现平台藏品交易。

在 NFT 中国平台上，用户可以自行创造并上线 NFT 作品，且对藏品具有所有权，可以用人民币进行交易，实现了 NFT 藏品的流通。但目前平台的功能尚未完善，如平台缺乏对上架作品的审核机制，无法控制市场价格的合理性，存在藏品价值与实际价值不匹配的现象。

接下来，读者可以通过 NFT 游戏案例对该领域的现状以及 NFT 与元宇宙场景入口之间的联系进一步理解。

微案例 7.5

加密猫

《加密猫》（*CryptoKittes*）是 2017 年创立的世界首款架构在以太坊网络上的游戏，其团队希望通过此游戏探索数字稀缺性的概念，在智能合约 ERC ＃721 规定的范围内执行不可替代的代币 ERC ＃721，并向人们普及区块链技术的奥秘与乐趣。

在游戏中，用户可以收集、繁殖猫咪，每两只加密猫交配繁殖产生的子孙都拥有独一无二的基因组，这是由其父母的 256 位基因组决定的，这样的繁殖机制有机会创造出 40 亿个可能的基因变种。游戏中的每一只加密猫独特的基因组决定着它们独一无二的外观及其他特征，并且每一只加密猫都 100％归其主人所有，不可被复制、拿走或销毁。

2017 年，一只拥有“栗色”眼睛、“棉花糖”基色的加密猫被人以 172 000 美元（约合 117 万元人民币/600ETH（以太币））的天价买走，这只名字为 Dragon（龙）、编号为 896775 的加密猫，本质上是基于区块链的数字收藏品，显然在此过程中产生了极大的跨游戏价值。

微案例 7.6

Axie Infinity

Axie Infinity 是在《加密猫》的基础上发展起来的，相较于后者，*Axie Infinity* 中的 Axies 不仅可以用于培养，还能够用于战斗。作为一款建立在以太坊上的游戏，*Axie Infinity* 的区块链上拥有超过 18 000 人次的活跃用户数。玩家可以在市场上购买 Axies，也可以在游戏世界中购买地块和其他物品。

Axie Infinity 为用户提供了一个数字化宇宙，宇宙中有 14 万个特征各异的 Axies。用户可以让自己的 Axies 参加战斗、完成任务，每个 Axie 独有的特征决定了它们各自在战场上的行为，战斗胜利和完成任务可以使用户获得代币 SLP，用户可以将这些 SLP 用于 Axies 之间的繁殖，以获得更多具有有利特征的 Axies 提高战斗胜率，或通过在 Uniswap 上出售获得收益。*Axie Infinity* 的经济系统中还有另一种代币 AXS，这是 *Axie*

Infinity 的治理代币，用户可通过游戏排行榜、参与关键治理投票等渠道赚取 AXS，进而应用于平台上的管理、抵押以及付款等操作。

除此之外，Axies 生活的环境是由 90 601 个代币化的地块组成的土地。首先，每一地块本身对于其拥有者来说就是一种 NFT，用户可以以 19 130 ETH 左右的市值将其出售，同时每一地块的持有者还可以在自己的土地上找到代币或其他资源，这些资源可用于升级土地或 Axies，进一步为用户带来收益。

CoinGecko 公司曾于 2021 年 7 月在推特上发布一项 *Axie Infinity* 社区民意调查，结果显示 *Axie Infinity* 玩家平均每天可挣 151～200 SLP，折合 55.50 美元，且被调查者中有近 70%的人表示 *Axie Infinity* 可以作为一份可持续的全职工作。而在 2021 年 7 月初，就有一位菲律宾玩家在社交软件上表示，自己用在 *Axie Infinity* 游戏中赚取的收益在菲律宾购买了两套房子。

（3）虚拟货币。元宇宙是一个全球真实交互的网络，人们在元宇宙中赚取虚拟货币，可以在元宇宙市场中进行交易，也可以将虚拟货币进行兑现，提现至现实世界的银行卡上进行消费。虚拟货币是元宇宙经济体系的一个重要组成元素，而元宇宙经济本身就是虚拟货币的一块绝佳试验田。

2009 年 1 月，世界上第一批比特币问世，引起了社会的广泛关注，比特币价格飞速上涨，2021 年 4 月达到峰值 6.3 万美元。在此期间，虚拟货币的概念也在其影响下得到大力追捧，致使诸多“空气币”大行其道。然而，经过多年的发展，虚拟货币与实体经济之间依旧未能建立较好的联系，容易被利用进行洗钱等违法活动，且缺乏汇兑机制，容易引起通货膨胀和市场混乱。

基于以上风险，我国一直以来对虚拟货币持打压的态度，在比特币市场持续崩盘的形势下监管更加严格。2021 年 9 月，国家发展改革委等十一个部门发布《关于整治虚拟货币“挖矿”活动的通知》，要求各部门合力加强虚拟货币“挖矿”活动上下游全产业链监管，严禁新增虚拟货币“挖矿”项目，并加快存量项目有序退出。同时，中国人民银行也发布《关于进一步防范和处置虚拟货币交易炒作风险的通知》，强调要加强交易炒作风险的监管。此后，各地方政府有关部门呼应落实，虚拟货币市场遭遇极度下挫。从全球视角看来，各国对待虚拟货币市场的政策倾向均呈收紧趋势，如美英等国声明将联合行动，从扼制非法利用渠道及全面征税等角度出发加强加密货币监管，韩国则表示将对加密货币违规行为进行刑事处罚。

事实上，各国政府金融部门对虚拟货币市场的监管收紧，从长远来看实则在增加虚拟资产的合法性，有助于一直处于法律灰色地带的虚拟货币市场建立合理的市场规范。正如美国证监会主席加里·根斯勒所述，政府的重点是确保行业遵守投资者和消费者保护条例、反洗钱法规以及税收法律法规，试图将加密资产纳入证监会的投资者保护范围内。虚拟货币市场的发展道阻且长，而市场的规范与投资者的利益保障将使其未来应用之路更为稳健。

（4）AI。在元宇宙中，AI 通过辅助内容生产和完全内容生产，将生产内容实时提供给用户，并实时处理体验反馈，满足元宇宙不断扩张的内容需求，真正实现所想即所得的概念。短期来看，AI 将更多地承担辅助内容生产的工作，即通过简化内容创作过程的方式来降低用户的内容创作门槛。而随着 AI 和机器学习的进一步发展，AI 承担的工作有望由辅助工作变为完全内容生产，以更直接的方式满足元宇宙不断扩张的优质内容需求。

自 2013 年以来，中、美、英、日、欧盟等国家和地区陆续出台 AI 发展相关战略或政策，各自体现了独特的发展侧重点，如美国侧重 AI 对现有领域的赋能作用，欧洲部分国家关注伦理方面的问题，我国则注重从 AI 产业快速发展向发展与社会治理共行转变。全球各地 AI 发展战略和相关政策文件的出台，使得 AI 产业迅速发展，并不断开拓应用领域，如科技、经济、文化、教育、竞技体育等，接下来本书利用全球领先的 AI 平台——百度对其现状进行简要阐述。

微案例 7.7

百度 AI

百度从 2010 年开始全面布局 AI 核心技术，截至 2021 年 12 月，已申请 AI 专利超过 1.3 万件，而且百度已从技术领先的 AI 平台转变为 AI 生产平台——已具备近 1 400 项 AI 开放能力，具有标准化、自动化和模块化的工业大生产特征。在 2021 百度 Create 大会上，百度首席技术官（CTO）王海峰通过语音交互，与百度大脑共同“创作”了一幅水墨画，百度大脑还进一步根据画中意境作诗一首。正如王海峰介绍的，这背后体现的不仅是知识增强大模型所带来的更加强大和智能的 AI 能力，更有视觉、语音、自然语言处理、XR 等技术的融合创新。

（5）网络及运算技术。元宇宙是人们现实生活的映射，需要满足高同步、低延迟的需求，这便少不了网络与运算技术的发展支撑，这里将分别介绍网络及运算技术的相关发展状况。

1）网络。网络是信息传输、接收、共享的虚拟平台，通过网络可以将点面体的信息联系到一起，实现这些资源的共享。下面主要介绍网络带宽与网络延迟这两个要素。

网络带宽指在单位时间（一般是 1 秒）内能够传输的最大数

据量。尽管带宽是用来描述网络速度的，但它并不代表数据位的移动速率，通俗来说，可以将带宽想象成公路上的车道数，车道越多，公路的通行能力越强，带宽越大，网速也就越快。网络延迟是指由发送者向接收者传送信息到接收者处理信息的时间，元宇宙深入的社交等场景化属性对延迟性具有很高要求。当下，一些模拟游戏已经可以给用户提供非常优质的实时体验，如《微软飞行模拟》。

微案例 7.8

《微软飞行模拟》

《微软飞行模拟》（*Microsoft Flight Simulator*）是一款飞行模拟游戏，其通过对真实事物的高质量扫描，在场景中植入了 2 万亿棵单独渲染的树木、15 亿座建筑物以及全球几乎所有的道路、山脉、城市和机场。在实时体验方面，《微软飞行模拟》还可以实时反映现实世界中的交通情况以及真实的天气，精确实现风速、风向、温湿度的映射体现，玩家甚至能够尾随真实世界中的飞机飞行，或者体验驶入真实飓风区的感受。

《微软飞行模拟》能够为用户提供与现实世界连通的顺畅实时体验，其许多核心数据已提前存储在用户的本地客户端中，这大大减轻了网络压力，而元宇宙却如现实世界的镜像版本，一切都无法预料，也无法预先处理，对网络带宽、网络延迟提出很高要求。当下，尚未有平台对构建镜像世界所需数据量的大小进行测量，元宇宙运行所需的带宽水平也无法预知，而受限于基站数量，5G 实际传输速率尚未达到元宇宙的设计要求，首届 6G 峰会中拟定的《6G 无线智能无处不在的关键驱动与研究挑战》白皮书提到，6G 的时延仅为 5G 的 1/10，有望真正实现元宇宙低延迟的关键特征。虽然目前许多国家已开始加大对 6G 的重视与研发力度，如我国工业和信息化部在 2021 年 11 月 16 日发布的《“十四五”信息通信行业发展规划》提出，将开展 6G 基础理论及关键技术研发列为移动通信核心技术演进和产业推进工程。但正如上面所述，目前 5G 的普及尚未能实现，在此方面仍需一定时间进行突破，大家可以一起期待。

2）运算技术。元宇宙作为现实世界的镜像，从渲染、数据协调、动作捕捉到动作翻译等无时无刻不需要算力的支撑。与现在的互联网相比，元宇宙首先需要进行长足且可持续的计算，不间断满足每一位用户的访问操作需求；其次，元宇宙中的场景图像从互联网的二维升级到三维，渲染量大大增加；最后，正如电影《头号玩家》中所展现的，在元宇宙中用户与用户、用户与场景之间的不断交互，以及实物与虚拟模拟物之间相连接的需求，都会导致计算量激增。

元宇宙拥有史上最高的算力要求，其算力来源一般为 GPU 及 CPU 等。目前，传统的本地计算方式已无法满足元宇宙巨大的算力要求，因此，不同的计算方式也加快了发展脚步，如云计算、边缘计算和去中心化计算等，接下来本书对云计算和边缘计算进行简要介绍。

云计算主要是相对于本地计算而言，其为用户提供算力服务。云即指网络，用户将计算需求发送至云端，云端完成计算任务后将结果返回给用户。云计算的使用犹如自来水公司的计价模式，使用多少则支付多少款项，有利于资源的灵活配置。据 IDC 预计，至 2025 年，全球云计算市场规模将逾 1.3 万亿美元。

然而，资源的成功传输需要畅通的网络，即云计算的使用需要网络带宽的配合，如遇网络拥堵情况，云计算的解决方案将遭遇困境。

边缘计算是云端算力和终端算力需求博弈后的结果，按照维基百科的定义，即将原本完全由中心节点处理大型服务的模式加以分解，切割成更小与更容易管理的部分，分散到更接近用户终端装置的边缘节点处理，从而能够更为可靠地处理大量即时数据。读者可通过阅读下面的边缘化计算平台案例，对此概念进行进一步了解。

微案例 7.9

边缘计算平台 Sophon Edge

边缘计算平台 Sophon Edge 是一个云端-边缘端融合的计算平台，通过对人脸生物特征等数据的分析，帮助管理人员及时发现异常情况并实施管理。例如，该平台通过自研污水违法排放 AI 算法，对城市监控视频进行智能分析，实时识别污水违法排放行为，并将违法行为信息（如时间、地点等）发送至城市监管数据中心，供监管人员及时采取措施。该边缘化计算平台在智慧城市中的运用实现了对污水不合理排放等违法行为的 24 小时不间断监测，降低了人力成本，提高了城市管理工作效率。

5G 时代的来临、元宇宙的发展需求，将带来更多对网络速度、网络可靠性有更高要求的场景，如高清视频传输、VR 等；同时，全球移动通信系统协会（GSMA）预测，到 2025 年，全球物联网设备接入总数将超过 250 亿个。从以上两点足可窥见未来即时数据处理的海量需求，这也意味着边缘计算的规模化运用极为重要。

后端基建

（1）5G。前面提到，5G 甚至 6G 的发展，对元宇宙的到来极为重要，本部分主要介绍 5G 的发展情况。

1）发展现状。2021 年 12 月 23 日发布的《全球 5G 终端产业白皮书（2021 年）》显示，截至 2021 年 11 月底，全球已建成超过 164 万个 5G 基站，其中中国 5G 基站建设总量占全球的 70%以上。同时，5G 在终端创新方面也展现了百花齐放的局面，截至 2021 年 10 月底，全球 5G 终端发布形态数量达到 1 115 款，涵盖智能手机、模组机器人、终端电脑等类型，其中 5G 智能手机是终端创新的一个重点领域，独占 50%以上的份额。从商用情况来看，5G 商用比例也已达到 60%以上。

接下来，读者可以从以下 GE 医疗的案例中了解 5G 技术的落地场景。

微案例 7.10

GE 医疗

2021 年 11 月 5 日，GE 医疗在第四届进博会上发布两款 5G 多场景下智慧医疗解决方案产品："SIGNA Butler" 5G 磁共振应用远程指挥中心方案和"技影随行" 5G 超声系统，突破了 5G 技术场景融合的技术难点。SIGNA Butler 通过建立 5G 专属连接通道，使用专门医用的、与 MR 射频不相干扰的 5G 网络频段，帮助大型医院实现所有 GE 磁共振设备的互联，实现跨空间医疗疑难问题的高效解决、低年资医生的在线指导培养、序列文件的实时共享等。“技影随行”5G超声系统则通过一对一或一对多超声检查手法的“示范规培”，实现基层超声诊断水平的持续提升，并有效助力医疗场景的拓宽，即医生可以在乡镇、社区医院，甚至义诊下乡的移动筛查车上，随时向上级专家发起超声远程会诊，而上级专家也可以通过手机随时随地响应会诊请求。

2）发展局限。不可忽略的是，当下5G的发展仍面临三大难题。

首先，落地场景局限、应用不够普遍。5G长期的宣传已经潜移默化地在用户心中埋下了种子，然而至今，在大部分用户的眼里，5G网络最大的特点依然局限在远超4G网络的极速上网体验上，对于如以上案例的应用场景不曾耳闻。基站数量迅速增加，5G信号覆盖范围不断扩大的当下，5G技术商用初期宣扬的体验场景，如无人驾驶技术、工业互联网、5G+医疗等尚未真正给人们带来耳目一新的体验，可见当下5G的应用场景规模仍旧较小，未产生较大的影响力。

其次，5G建设高额的能耗与资金消耗问题。由于5G网络使用的频段相对4G更高，其覆盖范围就相对较小，通常5G基站的部署密度要达到4G基站的4倍才能实现同样的网络覆盖面。除此之外，鉴于当前的技术短板尚未突破，目前 5G 基站的功耗基本处于 3 500～5 000w，而与之相对的 4G 基站的单系统功耗仅有 1 300w，对于同样载频的基站，5G 基站的功耗高达 4G 基站的 3 倍。

最后，5G 宣传高昂的推广成本问题。如上所述，5G 高频毫米波的特点导致其部署密度加大，而密度的加大又将为选址带来更多困难，数量的增加及选址的困难很有可能导致 5G 的建设周期大大延长。在这段时期内，5G 的推广使命将遭到两大阻碍：一是在如此长的建设周期中，5G 资费将很难降至用户能够接受的价格，导致 5G 手机频出的当下，人们仍旧更加青睐于 4G 套餐；二是国内外“抵制 5G 基站”的报道、舆论同样给其推广带来一定压力。

5G 的背后，体现了人们对相关领域未来发展的一份期待。5G 高速率、低延迟的特点，给元宇宙的到来增添了一份有力支持，但目前其应用场景仍有一定局限性，在此层面尚需探索更多的技术可能性与技术切入点，如此方能为元宇宙的发展带来更多可能性。

（2）物联网。物联网是元宇宙重要的基础设施之一，真实的物体要接入虚拟世界并满足交互等需求，都需要物联网这一连接现实世界和虚拟世界的桥梁。

《物联网平台市场报告 2018－2023》预测，2018—2023 年，物联网平台领域的软件和服务支出将持续增长，到2023年，该数额将超过220亿美元。在传统应用领域，物联网主要应用于无线传感网络、控制系统等；在消费者市场中，物联网为人们广泛熟知的应用则是智能家居产品及其体系，如通过智能手机或者天猫精灵等数字助理控制家庭照明设备、家用安全系统；对企业而言，物联网不仅可助力业务流程的自动化，还可以让管理者方便了解机器性能、供应链状况等信息。此外，物联网的应用场景还包括智慧医疗、智慧农业、智能交通、智能环境等。

接下来，读者可以通过中和中学智慧电子学生证的案例，进一步了解物联网的应用场景。

微案例7.11

智慧电子学生证

成都市中和中学与四川电信基于窄带物联网（narrow band internet of things，NB-IoT）展开合作，围绕智慧电子学生证，为师生提供安全定位、门禁考勤、走班排课、图书借阅、挂号就医、家校互动等服务。智慧电子学生证通过中国电信NB-IoT网络，将定位、计步、SOS报警等数据发送至系统平台，并保存至天翼云平台，管理人员和终端使用人员可以随时从平台或者手机微信端监管、查询学生定位及轨迹数据，并在必要时及时采取行动维护学生权益，提供相应服务。该项目高效满足教师、学生等群体的工作及学习需求，得到了广大师生及学生家长的一致好评。

我们应该明确，在享受物联网给我们带来的便捷性、多样性、开放性的同时，关键基础设施与高价值资产的相连，会使物联网的安全性更为重要也更难保障。首先，物联网的发展意味着广泛收集更多生活场景中产生的数据，但数据的存在与访问也将为个人以及公司的信息安全带来更多风险；其次，物联网的发展使得日常生活中大大小小的事物陆续被纳入网络体系，制造商为了保证设备更新的及时性，经常将安全性置于次要地位，这为黑客入侵、数据泄露提供了窗口；最后，相较于互联网，物联网中的节点与人们的生活更贴近，造成的损失或伤害将更严重，例如，不法分子入侵智能医疗设备，盗取数据、更改设置很可能对患者的身体或精神造成直接伤害。

（3）交互技术。交互设计（interaction design，IXD）是一种设计交互式数字产品、环境、系统和服务的技术实践，它为元宇宙提供了沉浸式体验的桥梁。本节主要以案例的形式介绍全息影像技术、脑机接口技术和传感技术的发展现状。

1）全息影像技术。全息影像技术通过记录物体散射的光线，精确地再现被记录物体的三维外观，在此过程中无须其他设备，且用户可以看到成像物体的不同角度，产生立体视觉。读者可通过佛山全息投影站台的案例，了解全息影像技术在文旅领域的应用。

微案例 7.12

佛山全息投影站台

2021 年 12 月开通的佛山地铁 2 号线内，石湾站以特殊的文化景象吸引了来自四面八方的行人旅客驻足。石湾站利用 3D 全息投影，为用户搭建了一面全长 26 米的“石湾古八景”文化墙，以艺术形式为现代人呈现古时工匠烧陶制瓷的淳朴景象。不仅如此，站内还通过此技术展陈许多陶瓷艺术品，站顶的呈现也采用了瓦瓷的效果。石湾站将现代先进技术与古代深厚的文化积蕴进行碰撞，为“南国陶都”佛山搭建了一个精彩夺目又全然不失文化底蕴的“流动博物馆”。

2）脑机接口技术。脑机接口技术可以通过在人脑与计算机或其他电子设备之间建立交流控制通道，实现人类直接通过大脑表达想法、操纵设备的功能，而无须语言或动作控制。此处介绍 Synchron 公司的脑机接口装置 Stentrode。

微案例 7.13

Synchron 公司脑机接口设备

Synchron 是一家仅有 20 人的脑机接口公司，它开发出了一套脑机接口装置 Stentrode，包括网状传感器以及包含 BrainOS 操作系统的接收转换装置 BrainPort。2021 年 10 月，该公司将研制的传感器植入两名渐冻症患者体内，帮助其完成发送短信、网上购物等操作。同年 12 月，该装置帮助一名失去言语能力以及全身行动能力的渐冻症患者发送了一条内容为“Hello World”的信息。当下，Synchron 公司的装置可在不开颅的情况下实现脑机接口技术，不同于 Neuralink 公司将芯片“缝入”颅内的操作，能够保证更高的安全性。

3）传感技术。传感器的工作原理是利用物理效应、化学效应及生物效应，将被测的物理量、化学量、生物量等非电量转换成电量，以服务于后续操作。读者可通过智能门磁传感器的案例，对其应用了解一二。

微案例 7.14

隔离智能门磁

在温州市鹿城区滨江街道一个名叫万盛锦园的小区，居家隔离住户家中安装上了智能门磁系统，以取代原先监控加封条的模式，充当了“电子守门员”的角色。安装智能门磁系统后，居家隔离住户一旦开门，防疫系统即会收到提示，值班人员能够第一时间联系社区网格人员上门核实情况，做到对居民居家隔离情况的实时监测。相较于监控加封条的模式，门磁即贴即用，具有更强的实时性，在上门监测等方面可以减轻人力负担，并且系统消息提示只会显示地址和时间，不会对住户的隐私造成困扰。

（4）GPU。正如方正证券科技行业首席分析师陈杭所言，“GPU 之于元宇宙，就像锂电之于新能车”，基于 GPU 构建的软硬件一体生态是构建元宇宙的技术平台底座。

提到 GPU，一定少不了英伟达。英伟达创立于 1993 年，6 年后，它推出了世界上第一个 GPU，即 GeForce 256，从此 GPU 开始被世人熟知。作为运算处理器巨头，英伟达与其竞争对手超威半导体在 2021 年 10 月这一工厂产能限制芯片设计公司盈利水平的时期，股价均暴涨约 25%。接下来，读者可通过芯片巨头英伟达的应用案例，对该领域进行简要了解。

微案例 7.15

Rad AI 公司

Rad AI 是美国一家 SaaS 初创公司，旨在通过简化放射学工作流程来提升医疗保健的效率及质量。该公司为了缓解放射科医生研究量大、工作负担重的问题，并保证诊疗质量，在 2021 年开始应用英伟达 A100 GPU 提供支持的 Amazon EC2 P4d 实例。将实例投入应用后，Rad AI 提供 CT 和 MRI 扫描报告摘要所需的时间从过去的 10 秒缩短到 3 秒，X-Ray 报告摘要则从 2.5 秒缩短至 0.7 秒，放射科医生能够更快地向医师提供更准确报告和适当的随访建议，以便医师及时为患者安排合适的诊疗方案。对 Rad AI 而言，使用搭载英伟达 A100 GPU 的 Amazon EC2 P4d 实例为其提高了收入，给客户带来实时效益的同时扩大了客户群；而对患者来说，带来的则是健康与保障。

（5）可视化与数字孪生技术。可视化与数字孪生技术是真实世界与虚拟世界交融互动的重要支撑，它们的发展让元宇宙这一现实世界的镜像成为可能。

当今，我国互联网产业及其基础设施均在飞速发展，网络可视化企业也随之进入快车道。根据《2021—2027 年网络可视化行业竞争格局调研及投资前景预测报告》，2016—2020 年，我国网络可视化市场规模增长超过 2 倍，从 93 亿元持续增长至 290 亿元左右。与此同时，我国政府自 2020 年开始密集部署 5G、物联网、人工智能等新基建领域，将人们引入万物互联新时代，产生了更多的实时数据处理、分析需求，如何挖掘松散而又复杂的数据背后蕴含的价值，在对可视化技术的发展提出新要求的同时，也为其提供了更为广阔的发展空间。

数字孪生作为目前热度最高的数字技术之一，具有广阔的发展前景。许多国家均将数字孪生视为经济发展的重要部署，根据中国产业研究院发布的《2021—2026 年中国数字孪生技术行业市场前瞻分析与未来投资战略规划报告》，美国工业互联网联盟将数字孪生作为工业互联网落地的核心与关键，德国也表示工业 4.0 架构将参考数字孪生进行布局。同时，我国也在 2020 年 4 月国家发展改革委印发的《关于推进“上云用数赋智”行动 培育新经济发展实施方案》中提出，要引导各方共同探索围绕企业数字化转型难题的数字孪生解决方案。当下，数字孪生已在许多场景下得到应用，其中智慧城市、工业 4.0 以及智能驾驶是数字孪生技术的应用热点，也是各大科技巨头集中布局的领域。

接下来，读者可以通过一个智能补水系统的案例，对该领域现状进行了解。

微案例 7.16

海淀区智能补水系统

软通智慧携手北京市海淀区水务局等机构推出的“海淀区

生态补水循环水网控制系统项目”帮助海淀区实现了补水系统的智能化。该系统具有三大功能：“三维可视化补水策略”可以通过三维仿真建模模拟补水全过程，实现补水策略的可行性分析；“泵、阀物联设备反向控制”功能可以对水质监测仪、液位计、泵、阀等设备的数据全局实时检测以及远程反向控制；“补水策略仿真推演”功能可以根据上游片区河道水质、河道丰水期、绿地覆盖率等相关数据，运用模型计算推演出各片区因地制宜的补水策略，实现水位、水质双达标的目标。该项目为技术赋能生态治理领域提供了良好的示范。

第 8 章 / *Chapter Eight*

泛动的涟漪：元宇宙影响力分析

经济生态

双重经济体系的交互

元宇宙将具备自己的经济体系，该经济体系与现实世界中的经济体系一样能够实现闭环运转。元宇宙的经济体系主要包括四大要素，分别是数字产品、数字资产、数字市场和数字货币。在元宇宙中，以游戏场景为例，用户将不仅作为玩家体验游戏内容，而且可以参与游戏内容的创作，如设计角色皮肤等。用户的这种创造过程是客观存在的，这就是一种数字产品，用户自行制作的短视频、图文等也是数字产品。元宇宙中的产品可以交易，而在交易过程中则需明确产品的产权归属问题，这类数字化标记创造者、拥有者后的数字产品即为第二个要素——数字资产。第三个要素是数字市场，用户在元宇宙中交换产品时需遵循一定的交易规则，数字市场则为用户之间的交易提供了平台。第四个要素是数字货币，用户创造、生产数字资产以及交易数字产品时的价值可用经济系统中的数字货币进行衡量，数字货币是元宇宙经济体系的核心。

元宇宙中的经济体系还能够与现实世界中的经济体系进行交互交融。人们在元宇宙中的基本生产交易规则与现实生活无异，且用户也能将元宇宙中的数字资产、数字货币兑换成现实世界中的资产、货币，如用户在元宇宙中创造的角色皮肤、自主设计的虚拟建筑等，能够通过交易兑换成元宇宙中的其他资产、物品，或者现实世界中的资产、物品。也就是说，元宇宙中的数字资产、数字货币与现实货币之间会形成一套完整的支付、兑换、提现体系，通过统一标准的交互接口，能够打通元宇宙经济体系与现实世界经济体系。

元宇宙投资分析

元宇宙的发展将为多个投资领域带来热度，涉及的领域包括底层架构、后端基建、前端设备、场景内容等。

从底层架构来看，区块链是搭建元宇宙经济系统及连通数字经济与现实经济的基础和桥梁。近几年区块链整体呈现较好的发展态势，同时 NFT 作为元宇宙的核心基础设施之一，随着元宇宙的火爆也具有较好的投资前景，2021 年第一季度，NFT 的交易额便已高达 20 亿美元，呈现快速增长趋势。

从后端基建来看，AI、GPU 等基础设施也具有较大的延展空间，其中 VR/AR 领域体现出较大的发展潜力，国内外头部品牌发布的娱乐 VR 硬件销量呈现较好的增长趋势，并不断推动技术、产品升级，优化用户体验，其应用场景也在不断扩展，VR/AR 技术在日常生活中的应用空间巨大。

从前端设备来看，如智能可穿戴设备核心技术不断提升，为用户带来了新奇体验，产品主要趋于云化、无线化，且其交互功能逐渐从传统的手柄手势交互拓展至语音、表情、眼动追踪等更加多元的领域，具有较好的场景延展前景。

从场景内容来看，元宇宙应用涉及游戏、直播、全景视频、医疗、教育、文旅等众多方面，每一个应用场景又包括多方供应商、运营商、广告商等，产业链的打通将使这些领域的企业，甚至下游客户获益，这也是值得关注的投资点。

值得注意的是，元宇宙现在处于发展初期，许多关键节点尚未落地，投资时应该理性分析存在的风险，谨防资本泡沫对于公私财产的损害。本书将在后续章节对元宇宙相关领域存在的风险进行阐述。

社会心态

元宇宙的发展还将对人们的社会心态产生影响，如今元宇宙尚处初创期，便已在社会上引发不同观点。

对于积极看待元宇宙的群体而言，元宇宙作为现实世界的数字映射，能够为其提供便捷高效、新奇有趣的多重体验，也会为其带来更多机遇。虽然现在技术仍在发展，但我们应仍赋予其丰富的遐想空间，相信并期待元宇宙的到来。

同时，当下也存在部分反对的声音，主要分为两类观点。一类观点认为元宇宙是概念炒作，当下元宇宙对于新一代通信技术、视觉芯片革新以及高级 AI 的需求仍未得到满足，离低门槛、多生态、连虚实等理想状态遥遥无期，对于元宇宙的布局仅为资本炒作，难有实绩。另一类观点则以作家刘慈欣为代表，认为人类的未来，要么是走向星际文明，要么就是常年沉迷在 VR 的虚拟世界中。如果人类在走向太空文明以前就实现了高度逼真的 VR 世界，这将是一场灾难。这部分人认为元宇宙就像“精神毒品”，人们很可能沉溺其中而拒绝回归现实，这对于人类来说将是灾难性的。

元宇宙作为一个新兴事物，在学术界、产业界均具有极高的探讨热度，不同产业龙头企业的入局给元宇宙的发展带来了更多可能性，这在一定程度上能够促进元宇宙的积极发展。但需明了，元宇宙的路还很长，就目前的发展情况而言，还有许多“硬科技”亟待突破，也有许多标准、协议如用户身份、虚拟财产、社交关系等尚需制定、统一，我们需要时刻警醒，保持理性、健康的社会心态，扎实做好科技突破、标准建立完善等工作，对元宇宙这一新兴事物保持开放、包容、理性的态度，谨防炒作。

呈现姿态

个体视角

元宇宙的到来，将让人们的工作、生活更为便捷。以工作会议为例，目前许多在线会议平台虽能满足一定的在线交流需求，但在实物展演、网络质量等方面仍存在许多局限。许多人为了保证会议质量，选择各类交通工具抵达现场参与会议，在此过程中耗费了大量的时间和精力。元宇宙的到来让用户无论何时何地都能通过 VR 设备接入网络，在虚拟办公室中深度参与会议，满足工作需求。人们在购物时，通常有实体店购物与互联网购物两种形式，然而前者需要对时空进行限制，后者则难以实现实体店购物对于质量、手感、匹配度的保障。元宇宙的到来可集两者之大成，用户穿戴 VR 设备后即可随时随地切身体验，满足购买商品的需求，大大提升生活便利性。

人类进入元宇宙时代后，在满足物质需求的基础上，将会获得更多精神层面的满足，进而产生更加丰富的多层次的精神需求。比如，在现实世界中人们美好的理想——环游世界、前往体育场馆观赛、亲临偶像的每一场演唱会等，将变得触手可及。同时，人们还能体验到一些以往难以想象的经历，如飞天遁地、武侠奇遇、史前探险、打怪升级等。此类体验能够满足人们多层次的想象力与精神层面的满足感，圆人们的各种梦想，提升个人的幸福感，而它们的诞生也会反向催生人们更多的精神需求。

值得注意的是，元宇宙的发展为人们打开了一个新世界的大门，但同时也容易让个体沉溺其中。人们在数字孪生世界中工作、学习、娱乐，人们的精神在元宇宙中已成为一个独立的个体，大部分的喜怒哀乐都来自元宇宙，几乎所有的精神需求均能在元宇宙中实现，人们在现实世界中的时间也会越来越短。正如《头号玩家》中的“绿洲”一样，掌控者制定规则来限制“绿洲”使用时间，以免人们在虚拟世界“绿洲”中沉溺而忽视现实生活。如何保持元宇宙世界与现实世界的平衡，如何找到精神与肉体之间的平衡点，是我们在元宇宙时代需要思考的一个问题。

组织视角

元宇宙时代的到来，意味着企业数字化转型的进一步深入，云企业、云产品、云品牌、云名片、云资产等将广泛分布于各个行业中。读者可以从两个方面，即企业业务逻辑的改变与实体企业的危机对这一点进行认识。

一方面，元宇宙加深企业的数字化程度，将给企业不同领域的业务逻辑带来许多改变。以营销领域为例，对于服装类商品，用户在元宇宙时代可以享受商家提供的模拟试穿服务，以体验这一最直接的方式支持品牌营销活动。相比传统的图文或视频宣传，元宇宙营销方式最突出的特点在于沉浸式体验，比如品牌的新品宣传片能够为用户提供全感官环绕式的体验，并加强其中的互动元素而非仅仅单方面的呈现，甚至能够让用户更加直接地参与产品或服务的策划设计，激发用户的归属意识，从而增强品牌黏性等。而对于 NFT 藏品，相比目前的藏品更多的私人化，元宇宙能够给用户提供一个虚拟的展示空间，增强用户对藏品的拥有感及价值感，并给用户提供一个展示藏品的渠道，从而进一步激发其购买意愿。

另一方面，元宇宙是一个与现实世界平行的数字孪生世界，由于其新颖性，人们将有充足的意愿在其中产生行为，相比仅在现实世界中经营的企业，布局元宇宙的数字化企业将更有可能从用户的元宇宙行为、活动数据中挖掘出用户与时俱进的价值追求和消费意愿，从而在元宇宙或两端同时提供直击用户心灵的产品或服务，而实体企业要把握客户的本质需求则十分困难，受到的冲击或将更甚于电子商务时代受到的冲击。

然而，在此基础上，我们也不能忽略元宇宙对企业、组织所带来的双刃剑作用，比如我们需要关注元宇宙中大企业对数字世界的操纵可能性。正如《头号玩家》中的 IOI 公司，其拥有强大的技术优势和资本加持，很可能会在欲望的驱使下扰乱元宇宙以及现实世界的秩序，对社会造成不可避免的损害。

社会及国家视角

首先，元宇宙很可能会促进社会环境的保护。元宇宙的到来意味着云用户的增多，这将导致碳排放量的相应增长，同时对画质、低时延性等的高要求也将进一步增加能源消耗。但值得注意的是，当下可持续能源的开发和应用具有极高热度，并已取得一定成果，如微软自 2020 年起便通过消耗可再生能源来进行多元架构建设，预计到 2030 年，即可实现水资源零浪费及水资源运转盈余。元宇宙的到来伴随着观念、技术的协同发展，事实上会相应推动环境保护领域的进步和发展。与此同时，元宇宙的到来将人们的许多日常工作、娱乐等场景从线下迁移至线上，如虚拟远程会议、线上典礼、线上演唱会等，这也可以从源头有效减轻环境压力。

其次，我们也不能忽视元宇宙发展带来的社会秩序问题。元宇宙作为一种新兴事物，有关的监管机制尚需完善。目前已有部分不法分子利用元宇宙的热度，用虚构事实或者隐瞒真相的方法，吸引消费者投资，骗取公司财务，实现其非法占有的目的。相关机构需完善法律以管制、惩戒此类不法行为，并且未雨绸缪，预防元宇宙发展过程中此类行为的发生。

再次，就元宇宙本身来说，其给人们带来便捷、新奇体验的同时，也可能为新型犯罪案件的产生提供空间，如比在互联网时代更严重的数据安全犯罪。在元宇宙时代，数据信息的价值得到放大，但随着数据生成场景的增多、数据利用的窗口增多，数据泄露、数据犯罪的风险也随之增大，且由于元宇宙时代数字世界身份与现实世界身份的绑定，用户数据信息的泄露很可能将元宇宙中的问题和矛盾引至现实世界中，对用户的人身安全造成潜在威胁，增加社会治理负担。

最后，元宇宙的发展还可能为社会带来许多法律上的标准界定问题。如元宇宙中用户的虚拟形象与当今时代的虚拟形象有所不同，其受到现实世界中相应用户的行为控制，本质上相当于现实世界中人的分身，当用户的虚拟形象遭到模仿，我们是否需要通过肖像权保护法进行保护？如果对权利侵犯行为进行惩戒，是只针对虚拟形象本身还是要在现实世界中对用户同步惩戒？这些都需要制定合理的标准体系加以规范。

全球视角

元宇宙时代还将对国际事务造成一定影响，我们可以从全球化影响、国际事务逻辑重构以及国际格局变化三个方面进行思考。

首先，元宇宙打破了时空距离，为人们的学习、工作、生活提供了更多可能性。国际教育、企业组织间的国际合作将在元宇宙的支撑下具有更多的开展形式，元宇宙甚至能够使人们的工作、生活免于新冠肺炎疫情等突发性全球公共卫生事件干扰，往日难以开展或受限于时空、突发事件的工作、活动也能够顺利开展，如跨国公司的产品合作共研、国际高校的学术会议等，不同地域的思想、产品、创新能够更加方便地交汇，加速全球化的发展。

其次，各国政府间的业务联系与发展格局也可能发生变化，如联合国管理事务、国家间外交事务等。以外交事务为例，正如中国现代国际关系研究院美国所助理研究员李峥所述，元宇宙生态更加成熟后，部分国家可能会在其中建立虚拟大使馆，作为元宇宙外交体系中的一环，承担现有大使馆的职能。虚拟大使馆能够为用户提供数字世界的签证办理服务，或许能够在一定程度上促进各国之间的外交活动开展，影响部分主权国家之间的外交关系。然而，虚拟大使馆目前仍处于概念阶段，它的真正落地以及被广泛接受需要一个较长的过程，而基于各国建立虚拟大使馆的可能性差异，虚拟大使馆与现实世界大使馆之间的工作关系与效力对齐也需要更加细致地界定。与此同时，不同国家具备的经济与科技水平将在一定程度上影响其在元宇宙领域的发展速度，经济、技术落后的国家可能在技术、产业链层面存在空白，在发展过程中可能会增加对强国技术、标准的依赖，导致国家之间差距的增大及固化。

最后，元宇宙的发展可能导致新主权的出现。随着元宇宙发展阶段的推进，其将具备自己的经济系统、规则标准，并进化为终极形态——文明。有人将元宇宙的发展类比为北美十三州脱英独立的过程，这是有可能的。随着元宇宙中的玩家越来越多，在其中花费的时间越来越多，人们的习惯、爱好很可能同质化，元宇宙本身可能独立为一个主权领域。而且，正如清华大学新闻与传播学院沈阳教授所说，相对于国家对元宇宙的干预，诸如谷歌、苹果等科技巨头将在国际金融、机器人技术等领域拥有更大的话语权，这也在一定程度上体现了元宇宙平台建立者独立于主权国家的趋势可能性。

第 9 章 / *Chapter Nine*

放飞的自我还是待宰的羔羊：元宇宙发展风险分析

自社交媒体巨头脸书宣布将公司名称改为 Meta 以来，元宇宙就持续引发各类话题，受到科技圈和资本圈的高度关注与热烈追捧。在众多的热盼和期待之下，也渐渐出现一些质疑元宇宙的声音，盲目利用元宇宙概念“蹭热度”的乱象层出不穷。

清华大学新闻与传播学院新媒体研究中心在《2020—2021年元宇宙发展研究报告》中提到，当前元宇宙产业生态系统处于“亚健康”状态，其还处于初期发展阶段，具有新兴产业的不成熟、不稳定等特征。

对于元宇宙，我们在看到其无限机遇的同时，也要警惕其背后存在的风险，需要防范舆论风险、沉浸风险、道德风险、法律风险、技术风险、产业风险六大风险。放眼未来，再美好的元宇宙，恐怕也不能彻底放飞自我。

舆论风险

任何一个产业在发展早期都存在一定的“泡沫”，而随着技术升级与产业成长成熟渐渐实现“去泡沫”。元宇宙产业作为新兴产业也不例外，人们对它充满了美好的幻想与期待。然而，在这些畅想未来的讨论中，存在一些非理性、盲目投机的声音，一心想蹭元宇宙的热点以牟利，将元宇宙的“泡沫”越吹越大。

2021 年 9 月 28 日，25 只元宇宙概念股疯涨，同日，百度搜索中“元宇宙”搜索次数接近 9 万次，与上日相比增加了 100 倍。11 月，A 股元宇宙指数涨幅接近 20%，其中更有概念股涨幅超过 90%。

多只元宇宙概念股的异常波动，引起了监管层的注意，它们随后便收到了深交所的问询或关注函。而在这些公司的回复中，都提到了元宇宙业务在初期探索尝试阶段，很多相关技术并不成熟，希望通过概念化的包装吸引投资者。

事实上，当前的元宇宙与未来的愿景相差甚远。正如元宇宙概念股公司回复的那样，目前各行各业对其均处于探索尝试阶段，元宇宙的复杂要求大量的基础设施与完善的产业布局。以进入元宇宙的“门槛”——VR 设备为例，目前在画面、操作、体积、性能种种层面，都尚未达到电影中能使人无缝切换、身临其境的效果，长时间使用设备带来的眩晕感仍是不可逃避的问题。此外，元宇宙产业正以社交娱乐＋游戏应用为试点，如网易的伏羲、百度的希壤、Meta 的《地平线世界》主要面向办公场景，Epic 的《堡垒之夜》主要面向游戏与社交场景，而在元宇宙的愿景中，游戏、社交只是元宇宙成长的温床，未来还将加入零售消费、教育、医疗、工作等多个现实场景，实现全产业覆盖，仍然任重而道远。

然而，许多从业者和资本对此进行模糊化，误导刚刚接触元宇宙概念的新人，暗示他们元宇宙已经近在咫尺。更有甚者，误以为只要与元宇宙、VR、XR 等词汇沾边，相关产品的价格就能扶摇直上，上市公司的股价也能实现暴涨，而事实上他们连元宇宙的定义都不明晰。例如，2021 年 11 月 18 日，天下秀公司推出《Honnverse 虹宇宙》，其中的虚拟房产被炒出了天价，甚至有一些明星和知名企业也高调介入。然而，天下秀自称“元宇宙的完美缔造者”，存在夸大描述与误导投资者的嫌疑，并且坦诚未使用 AR、VR、MR 及相关硬件技术，最后被给予监管警示。

舆论泡沫的背后存在资本推波助澜的可能。2015 年 VR 概念崭露头角，点燃人们对未来世界 VR 的希望之火后，却又在技术限制下被扑灭，股价也从一度上涨 160％到急剧下跌。凭借 VR 概念，易尚展示公司的股价一度高达 170.54 元，截至 2022

年 2 月末却跌至不到巅峰的 1/10。2018 年区块链概念大火，分布式记账技术不可篡改、去中心化等优势让人们深感各行业将迎来一场颠覆性革命，其中虚拟货币资金流动频繁、价格涨跌幅大。到 2021 年元宇宙——一个除了依靠 VR、区块链之外，还依赖 AI、网络通信等多项技术要求的概念迅速走红——受到了产业界的广泛关注……资本似乎永远走在行业的最前端，资本的锅炉中似乎永远装着一个价值无限的美好概念，努力炒作发热，无论是 VR、区块链，还是当今新鲜面世的元宇宙。这不禁让人怀疑是不是新瓶装旧酒？

事实上，任何新技术、新兴产业崭露头角之时，都存在资本操纵的风险。通过创造一个价值无限的美好概念再进行炒作，源源不断地吸引新投资，谋取高额回报，这是资本逐利的一贯做法。

例如，元宇宙概念股中的中青宝公司宣布推出一款元宇宙游戏《酿酒大师》，自该项目宣布以来公司市值增长了 5 倍。有趣的是，在 2018 年区块链概念火爆之时，中青宝公司也曾表示要将区块链技术与传统游戏结合，同样引来资本追捧。然而，“线上酿酒、线下品酒”的概念与元宇宙的生态俨然大相径庭，却为何还能吸引来大量的资本投注呢？

在元宇宙的场景下，多个巨头公司争先入局，投入大量资金进行研发。脸书、微软、字节跳动、腾讯、百度、Pico……大量我们熟知的国内外互联网巨头都在积极进行元宇宙的战略布局，同时巨额产业资金流入，给予了市场信心，让元宇宙的概念风生水起。然而，技术的前瞻性并不意味着给了资本操纵的空间，大量炒作概念只会让刚接触元宇宙概念的人云里雾里，面临“被割韭菜”的风险。

除了元宇宙概念本身之外，元宇宙经济系统核心的虚拟货币也受其影响出现币值剧烈波动，虚拟资产交易出现多种乱象，虚拟世界中的“房产”“土地”被疯狂抢购。2021 年 11 月 30 日，Sandbox 平台一块虚拟土地被以约 430 万美元的价格出售，甚至超过了现实生活中一线城市的土地价格。2021 年 6 月，支付宝基于阿里巴巴蚂蚁链发布的数款与敦煌美术研究所联名的 NFT 虚拟资产迅速售罄，不久在二手交易市场上被炒至几十万甚至上百万元。种种“天价”的出现，不免让人担忧产品价格暴涨暴跌、炒作欺诈等风险，背后存在资本操纵之嫌。

这些现象引发了监管部门的广泛关注，从深交所向多个元宇宙概念股公司发送问询函，到主流媒体宣扬理性投资，警惕资本炒作，这些都传达了一个信号：产业和市场需要回归理性。

沉浸风险

随着元宇宙的发展与技术升级，元宇宙的世界将越来越“真实”，然而沉浸感提升的同时也带来了沉迷风险，并为经济与金融诈骗提供了可乘之机。

沉迷元宇宙

中国互联网络信息中心 2021 年发布的《中国青少年上网行为调查报告》显示，我国青少年网民规模达 2.56 亿人，占青少年总体的 71.8%。截至 2022 年 1 月，我国约有 2 404 万青少年网民网络成瘾，沉迷网络游戏。

目前仅是端游、手游的存在就已经让帮助青少年戒除网瘾的问题迫在眉睫。而元宇宙带来的沉浸感和真实感将比目前的端游、手游不止高一个数量级，这让人愈发担忧：当进入完全仿真、更为刺激和多样化的元宇宙游戏时，或许更多人会完全迷失其中。

著名科幻作家刘慈欣在公开演讲中批评元宇宙，称人类的未来，要么是走向星际文明，要么就是常年沉迷在 VR 的虚拟世界中。如果人类在走向太空文明以前就实现了高度逼真的 VR 世界，这将是一场灾难。

刘慈欣的担忧不无道理。如果完全沉迷于元宇宙的虚拟世界，是否会降低对现实生活的重视程度？人们可能因为在现实世界中不如意，对虚拟世界产生依赖，过度追求虚拟“乌托邦”中的美好，而荒废了实际的人生，在短暂的快感下失去创新创造、挑战新事物的能力，更无力建设现实世界。特别是元宇宙将在线游戏、网购、教育、医疗等多种现实场景融合在内，未来是否会有更多人永远地沉迷于元宇宙游戏，在其中生活、赚钱、社交等，直到生命终结，他们将整年不出门，只需要点外卖和跑腿服务就能解决自己的一切生活问题，成为现实社会中彻底的“元宇宙隐形人”?

微案例 9.1

《头号玩家》中人们沉迷“绿洲”

电影《头号玩家》中，在未来 2045 年，处于混乱和崩溃边缘的现实世界令人失望，人们将救赎的希望寄托于“绿洲”，一个由鬼才詹姆斯·哈利迪一手打造的虚拟游戏宇宙。人们只要戴上 VR 设备，就可以进入这个与现实世界形成强烈反差的虚拟世界。在这个世界中，有繁华的都市，形象各异、光彩照人的玩家，而不同次元的影视游戏中的经典角色也可以在这里齐聚。即使你在现实生活中是一个挣扎在社会边缘的失败者，在“绿洲”里也可以成为超级英雄，再遥远的梦想都变得触手可及。哈利迪创造“绿洲”是因为现实生活中的孤独感，但当这款优秀的游戏成为许多人的精神寄托后，玩家也都陷入了与他相似的境地：沉湎于虚拟世界，而忽略了身边的人。在电影的结尾，政府采取了“定时断网”的强制手段来避免人们沉迷于“绿洲”，向所有的观众传达了

“现实才是唯一真实的东西”这一理念。

诚然，元宇宙并不会是下一个“绿洲”，但沉浸感与沉迷仍然是无解的命题。元宇宙因具身交互①、沉浸式体验以及对现实的补偿效应而具备天然的成瘾性，虽然其愿景是让人们在虚实之间自由切换，但沉迷风险必然会伴随着沉浸感的提升而增大，这与国家对游戏等产业的监管加码也相呼应。倘若虚拟世界的价值理念、交互逻辑、运转规则与现实世界出现明显分化甚至是异化、对立，就会使沉浸在虚拟世界中的人对现实世界产生不满、憎恨、仇视等负面情绪。过度沉浸在虚拟世界中也有可能让玩家产生社交恐惧、社会疏离等心理问题，或者影响婚恋观、生育率、代际关系等。

经济与金融诈骗

微案例 9.2

《蜘蛛侠》电影中的诈骗手段

在《蜘蛛侠 2：英雄远征》这部电影中，反派神秘客用超逼真全息投影技术，将蜘蛛侠、神盾局局长等数十亿人困在逼真

① 具身交互是交互设计和人机交互的一个子领域，指用户利用身体作为媒介完成与在虚拟世界的视、听、嗅、味、触等多通道的交互。

的幻象中，甚至让蜘蛛侠将最珍贵的 AI 眼镜伊迪斯心甘情愿送给了自己。太过逼真的场景，太过熟悉的眼前人，太过超凡的演技，让蜘蛛侠难以辨认出自己身处幻境，难以识破眼前幻象下的危机四伏。“逼真的场景”“熟悉的人”“超凡的演技”，是神秘客一度打败蜘蛛侠的三大法宝。这些名词与现实中的经济诈骗竟然非常相似！

在传统的经济诈骗中，诈骗犯通常通过网络聊天、电话等途径，假扮成受害者的家人或朋友，并以“超凡的演技”表演一场苦情大戏，只为对面钱包里的“金银财宝”。这些诈骗方式，在如今国家反诈中心 App 的普及以及公民反诈意识的提升下，渐渐都落了空。

而在元宇宙的背景下，类似《头号玩家》电影中“绿洲”的虚拟世界，几乎完全实现了对现实的“复刻”，并在此基础上进行丰富与美化。虚拟世界超强的沉浸感似乎为经济诈骗犯提供了“逼真的场景”要素。

试想一下，在虚拟世界中，上一秒你还在与闺蜜一起逛街、聊天、讨论商品，下一秒黑客就黑进了对方的数字孪生世界，谎称钱不够用并让你顺其自然地接入付款环节。这一切似乎天衣无缝，让人难以分辨真假。元宇宙的沉浸感为虚拟犯罪、经济诈骗提供了更为隐蔽的操作空间。

事实上，在数字经济时代，因虚拟资产产生的诈骗已成为金融诈骗的主流，在我国造成的人均损失超过 13 万元，位居世界第二。而元宇宙作为一个虚拟与现实高度融合的新型世界，也让人不免担忧其存在的经济风险。蜘蛛侠在影片结尾冷静了下来，全力爆发“彼得一激灵”，使得神秘客的幻象技术丧失了作用。而在元宇宙的现实场景中，人们抵抗虚拟世界中经济犯罪的“一激灵”除了需要自身反诈意识的提高，还要有金融机构、技术平台等多方面的努力。

此外，虽然元宇宙中的货币体系、经济体系并不完全与现实经济挂钩，但在一定程度上也可以通过虚拟货币实现与现实经济的联动，当元宇宙中的虚拟货币相对于现实货币（法币）出现大幅价值波动时，会使经济风险从虚拟世界进一步传导至现实世界。

2021 年，以比特币、狗狗币等为代表的虚拟货币价格暴涨暴跌，目前已被我国列入非法货币。而元宇宙的经济体系中采用的虚拟货币是与以这两种货币为代表的可互换同质化代币截然相反的不可互换代币 NFT，其依附于区块链，使用智能合约进行账本记录。元宇宙与 NFT 作为最前沿的概念，国内外暂时还没有相关法律法规出台，然而一些问题已经出现。例如，数字艺术家“Beeple”的 NFT 产品拍出 6 000 万美元的天价，成为有史以来拍卖会中最昂贵的数字作品，这说明当前 NFT 产品交易存在巨大泡沫，资产价值波动让人担忧。

道德风险

微案例 9.3

元宇宙中第一起性骚扰案件

2021 年 12 月 20 日，元宇宙的首例性骚扰案件引起了轰动。《地平线世界》是 Meta 推出的首个元宇宙平台，用户可以在其中聊天、交友等。然而在测试期间，一名女性测试者声称，一个陌生人试图在广场上“摸”自己的虚拟角色。该测试者指控这一触摸行为为性骚扰，而且，由于虚拟世界强烈的沉浸感，这种不适的感觉比在互联网上被骚扰更为强烈。这一事件很快引起了平台用户和网友的争论与思考。在虚拟的元宇宙中，对于虚拟角色的“虚拟性骚扰”可以被判定为性骚扰吗？该如何看待与制约？虚拟世界的活动由谁来监管？在元宇宙中，如何将道德准则、伦理等数字化？

除了性骚扰以外，虚拟世界中还存在诸多问题需要受到伦理制约。例如，虚拟角色的人格保护、声誉系统的维护、虚拟世界中的投票与民主、暴力问题的处理、数字遗产的继承、内容审查、平台中的奖惩制度……

伴随着技术升级，元宇宙硬件的传感器系统功能将更加丰富，细腻度、精确度提升，可以为用户带来深度沉浸感的体验。然而，沉浸感的升级是一把双刃剑，赋予了人们一种更为激进的方式进行交互体验，也不可避免地使虚拟性骚扰等带来的伤害变得更为真实。随着各类虚拟空间感知设备的发展，在性骚扰之外，现实世界中的恐怖袭击、血腥犯罪、经济诈骗、谣言传播等种种违法行为也可能会在虚拟世界发生，特别是在容易模糊的道德层面。此外，在元宇宙中，用户均以虚拟角色的数字形式存在，面对没有现实物理空间的虚拟空间，用户可能将其视作游戏，并降低自己的道德标准。

元宇宙并非简单的应用或者游戏，而是高度独立的平行空间，在未来可能内载网购、社交、游戏、教育等多种场景，成为现实世界的复刻。然而，由于其虚拟的特性，很难将原有的规则体系也照搬到元宇宙中。随着元宇宙的发展，其中呈现的社会形态会更加真实，虚拟社会关系也会更加复杂，迫切需要在原有体系的基础上创建一套新的规则。

在理想的概念中，元宇宙是高自由度、高开放度、高包容度的“类乌托邦”世界，深度释放了人类的创造力与能动性，集中体现了人类对于突破物理限制、拓展生命体验的内在向往。元宇宙中构建的数字虚拟世界，既是现实物理世界的数字化创造物，也是科技改变生活的体现。但事实上，元宇宙并非与世隔绝的“桃花源”，更不是逃离现实的“乌托邦”，元宇宙中的道德准则需要明确定义与规范。

法律风险

数据安全与隐私保护

微案例 9.4

脸书数据泄露事件

2018 年 3 月，脸书数据泄露事件引起了轩然大波。一名剑桥大学讲师通过一个性格测试应用收集用户数据，并将其卖给了一家名为剑桥分析的数据分析公司。该事件发酵后，脸书进一步承认有 8 700 万用户数据曾被剑桥分析不当利用，如用于向用户投放定向广告、在 2016 年美国总统选举时支持特朗普团队。整起事件最可怕之处在于，脸书在 2018 年被曝光以前就意识到了将数据用于研究目的的第三方应用的存在，然而其并未进行披露或采取用户数据保护措施。

如今，脸书改名为 Meta，举起了元宇宙的第一棒。Meta 已经发布将与其他合作伙伴一同构建元宇宙的计划，它们正在考虑如何最大限度地减少所需的用户数据量，通过技术实现隐私数据加密使用，例如，用户能够看到数据使用的过程并且拥有数据的所有权。然而这仍然遭到了一定质疑，毕竟 2018 年的数据泄露事件透支了很多用户的信任。

试想一个场景，也许现实生活中的你正坐在上海舒适的公寓内，然而在元宇宙中的你却行走在北京王府井熙熙攘攘的大街上，你可能看中了一件衣服，于是选择了购买，并且用真正的数字货币进行了支付。你很快会收到商品购买确认消息，商家告知你已经收到该订单，并且准备将你购买的服装寄送到上海的真实地址。

这是元宇宙让虚拟世界与现实世界发生碰撞的一个简单的例子，其中使用到的用户数据就包括家庭地址、钱包、手机号码等隐私数据。而元宇宙为了提升用户的沉浸感，其硬件如 VR 耳机、头盔等设备会使用用户的生物特征数据，因此用户所处的环境、身体技能、体型等都可以被跟踪。

除此之外，在目前的硬件条件下，甚至用户的大脑活动也可以被捕获到。脑机接口指在人或动物的大脑与外部设备之间创建直接连接，实现脑与设备的信息交换。其将使用户能够通过耳机、手表和眼镜等智能可穿戴设备访问虚拟世界。脑机接口收集大脑信号并进行分析，然后将这些信号转换成智能设备可以理解和执行的命令。

随着技术的高速发展，用户的每一次呼吸、每一次思考都能够转化为数据传入网络，这也让人细思极恐：如果这些脑机接口可以访问一个人的想法，在没有强大的安全措施保护下，元宇宙中的不法分子可能会通过破解代码，访问所有用户的大脑活动，所有的隐私一览无余。更好的元宇宙体验需要更多的用户数据，然而这些隐私数据如果被盗取，将带来不可估量的损失。

总体来看，元宇宙作为一个超越现实的虚拟空间，需要对用户的身份属性、生理反应、行为路径、社会关系、人际交互、财产资源、所处场景甚至是情感状态和脑波模式等信息进行细颗粒度的挖掘和实时同步。这对个体数据的规模、种类、颗粒度和时效性提出了更高的要求。个体隐私数据作为支撑元宇宙持续运转的底层资源需要不断更新和扩张，这些数据资源如何收集、存储与管理？如何合理授权和合规应用？如何避免被盗取或滥用？如何实现确权和追责？如何防范元宇宙形态下基于数据的新型犯罪形式？这些都是值得思考的问题。

知识产权

微案例 9.5

多家元宇宙公司涉版权纠纷

Roblox 公司被海外多家音乐出版商一纸状书联合告上法院，

并被要求赔偿至少 2 亿美元的损失，原因是游戏中使用了大量未经授权的音乐。Roblox 公司拥有 4 200 万的日活量，却一直没有为音乐版权付费。而后 Roblox 公司采取措施，要求用户每次将未经授权的音乐上传到平台都要付费，费用为 15 美分～4 美元不等。然而，美国国家音乐出版商协会总裁兼 CEO 戴维·伊斯雷莱特指出，利用年轻人对版权知识缺乏了解，Roblox 公司从中赚取了数亿美元。它几乎没有采取任何行动来防止重复侵权，或提醒用户他们正面临版权侵权风险。除了 *Roblox*，目前市面上多款相近类型的游戏也被指控版权侵权，但与 *Roblox* 音乐侵权案件的清晰判定不同，它们大多存在较大争议，其中包括《堡垒之夜》舞步版权案件，原告为一位因舞步走红的萨克斯手，他起诉了《堡垒之夜》的开发商 Epic，他认为游戏中人物的舞蹈动作复制了他的舞步。无独有偶，美国演员阿方索·里贝罗同样声称该游戏的舞蹈动作侵犯了他的版权。虽然最终法院驳回了这两起诉讼，但它指出了元宇宙潜在的内容滥用现象。

事实上，数字经济时代知识产权的保护一直是一个难题，在元宇宙这样一个全新的场景下，知识产权保护只会更加复杂。虽然区块链技术为认证、确权、追责提供了技术可行性，但在元宇宙空间，大量的 UGC 生成和跨虚实边界的 IP 应用加剧了知识产权管理的复杂性和混淆性。

在元宇宙中，知识产权的风险主要体现在哪些方面呢？

在知识产权的注册方面，首先介绍去中心化自治组织（decentralized autonomous organization，DAO）的概念，DAO 指的是一种将组织的管理和运营规则以智能合约的形式编码在区块链上，从而在没有集中控制或第三方干预的情况下自主运行的组织形式。DAO 是适应元宇宙的组织方式，在元宇宙中，几乎所有人都是这个虚拟世界的创作者，通过协作的形式生产大量产品。但 DAO 组织方式在我国尚未被法律认可，因此由其协作产生的大量知识产权无法登记在 DAO 名下。而如果认可 DAO，又会产生 DAO 内部确权等一系列新问题，例如，协作产品和团体著作权人需要有确权规则。因此，此类知识产权注册问题将是一个难点。

在知识产权的侵权方面，元宇宙中的虚拟数字人、物品、场景等元素很可能来自或者改编于现实世界的对应实体，这种跨越虚实边界的改编应用很可能会引发知识产权纠纷，包括人物肖像权、著作版权等。这也是目前曝光的许多元宇宙相关知识产权案的内容。此外，在电影《失控玩家》中有企业老板剽窃主人公代码开发开放世界并获得成功的情节，但在元宇宙中，代码可能不会完全开源，因此还涉及源代码被破解、复制的知识产权侵权问题。

此外，元宇宙中的虚拟角色以数字形式存在，得以实现永生，在其存在一千年、一万年即超出知识产权保护期后，数据的后续知识产权管理也是一个未知领域。

虚拟人格

微案例 9.6

“邓丽君”虚拟数字人演唱

在 2022 年江苏卫视的跨年演唱会上，已故歌手邓丽君与新生代明星展开“跨时代”的合作，合唱了《大鱼海棠》《小城故事》等三首歌曲。事实上，荧幕上甜蜜歌唱的“邓丽君”为使用类似 Vtuber[①] 虚拟合成技术生成的虚拟数字人。这引发了一系列关于相关法律问题的讨论：虚拟数字人是否涉及对人格权的侵犯？虚拟数字人的歌喉让人重忆经典、怀念邓丽君，然而若将锚定真人的虚拟数字人用于不好的途径、损害其本人形象与声誉呢？若本人已逝，但虚拟数字人是以数字形式永生的，相关法律问题如何定责？

在元宇宙中，每个人都可以为自己塑造一个独一无二的虚拟数字人，其形象可能与现实世界中的真实个体形象相似，也

---

① Vtuber 是 Virtual YouTuber 的简称，最初是指用虚拟形象活跃在油管网站上的视频主。随着 Vtuber 的流行，现在也指代虚拟主播、虚拟偶像等在虚拟或现实世界活动的由真人扮演的虚拟形象。

可以承接一系列想象、期盼等被塑造成截然不同的全新形象。但不变的是，虚拟数字人成为我们在元宇宙中的化身，在虚拟世界中的一切活动都与现实个体绑定，在很大程度上体现了现实个体的人格特征。这种身份的法律属性该如何界定？虚拟数字人的法律责任是否需要由现实主体承担？当虚拟数字人的形象被他人模仿时，该如何维护自己的权利？是维护人格权中的肖像权、物权中的财产权，还是知识产权中的著作权？这是一片未知的法律领域。

此外，正如上述例子一样，虚拟数字人可能会侵犯逝者的基本权利。《中华人民共和国民法典》规定，死者享有受到法律保障的人格利益，这种特殊的利益由其配偶、子女、父母或其他近亲属予以代为保护。但法律并未规定死者的父母、配偶、子女等近亲属可以处分、利用其肖像、遗体等以作他用。其中是否包括为其创建虚拟数字人的权利，更是此前未涉及的领域。争议之处在于，一方面，创建虚拟数字人需要使用逝者的各种敏感数据，如肖像、声音、性格等，有可能侵犯逝者的人格利益和人格尊严；另一方面，逝者的虚拟数字人被创建之后，做出的行为、说出的话语均无法由本人决定，虚拟数字人的使用者、运营者、管理者有可能做出违背本人或授权者意志的言论或行为，从而面临侵犯逝者人格权的法律风险。在法律之外，使用科技将逝者重现，还涉及伦理道德问题。

技术风险

微案例 9.7

虚拟演唱会背后的算力压力

2021 年 4 月 24 日，美国说唱歌手特拉维斯·斯科特在《堡垒之夜》中举办 ASTRONOMICAL 虚拟演唱会，该演唱会吸引了多达 1 230 万名观众，观众可以与舞台上艺人的虚拟形象近距离互动。同年，另一个说唱歌手利尔·纳斯.X 在 *Roblox* 上举办演唱会，超过 3 000 万粉丝参加。未来，我们可能在元宇宙中看到歌手与来自世界各地的粉丝合唱的场景吗？上亿人在线互动是否可能呢？目前，即便是业界超低时延的内容分发网络(CDN)，也可能有 1 秒以上的延迟，而在类似合唱的互动环节中，用户的体验感更加无法保证。

以上便是元宇宙实现沉浸感、低时延、随地尚面临的困难的一个缩影。这不仅对 VR/AR 硬件技术和流媒体技术提出了很高要求，也需要更高性能的网络和运算技术来支撑。

作为一个复杂程度不亚于现实世界的虚拟世界，元宇宙的到来意味着需要更多的数据、更强的数据运算能力，才能让人们进入一个高同步、低时延的拟真虚拟世界。这离不开网络和运算技术的支撑。如果大数据是构建元宇宙数字经济体的石油，那么数据计算就是发动机，对于物理计算、渲染建模、数据协调和同步、AI、动作捕捉等多样化功能，计算都必不可少。

元宇宙被认为是下一代互联网的全新类型，其比拼的核心便是算力。而云计算、边缘计算则是数据计算这台发动机的双引擎，两大算力的发展速度也决定了元宇宙的发展进度。

搭建一个多维的虚拟现实场景，需要非常庞大、复杂的算力网络。元宇宙是大型多人在线游戏、开放式任务、可编辑世界、XR 入口、AI 内容生成、经济系统、社交系统、化身系统、去中心化认证系统、现实场景等多个要素的集合体，因此其运作本身对算力在稳定性、低成本、可持续性等方面都有极高的要求。IDC 预测，到 2030 年，元宇宙总算力（包括 AI、VR/AR、物联网、区块链等）需求将是目前规模的百倍，甚至更高。

算力资源的成本是困扰元宇宙发展的一个难点。IDC 预测，到 2025 年，中国元宇宙相关 IT 支出将达到 2 001 亿美元，而云计算已经成了元宇宙相关 IT 支出的最大头，预计为 814 亿美元，占比最大，约为总支出的 42%，如图 9-1 所示。

总体来看，元宇宙将持续面临高算力压力，算力的供给和发展将决定元宇宙的发展进程。如何保障云计算的稳定性、得到低成本算力资源等诸多问题都需要解决。

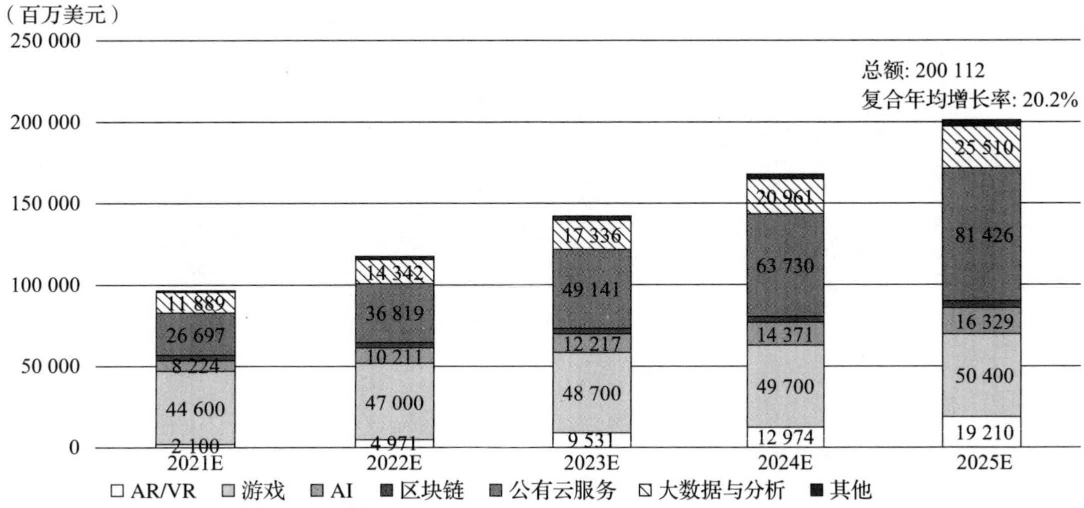

图 9－1　中国元宇宙相关IT支出及分布预测

资料来源：https://dfscdn.dfcfw.com/download/A2_cms_f_20211124112942284944&direct=1&abc8501.pdf Slide P27.

产业风险

产业垄断

2022 年 1 月 14 日，美国联邦贸易委员会（FTC）和多个州的相关部门调查了 Meta 旗下 VR 头戴技术设备商 Oculus 的竞争行为。事实上，这项反垄断调查 2021 年已经开始，当时一些开发商抱怨，Meta 利用自己的市场影响力，阻挠那些在 Oculus 应用商店中提供竞争性游戏和服务的公司。这让人不禁思考，被视为商业界洪水猛兽的垄断，在元宇宙世界也存在吗？

事实上，元宇宙的初衷是与反垄断一致的，元宇宙的底层技术是区块链，从而在逻辑上绕过了对平台中介的需求，是对集中化的挑战，去中心化使得元宇宙成为一个高效、公平和可持续的世界。然而，从现实来看，去中心化和反垄断的美好愿景却是一个实实在在的伪命题。

首先，在监管层面，元宇宙世界与现实世界一样，需要完整的货币系统、经济秩序、社会规则、管理制度、文化体系甚至法律约束，其涉及的约束边界都需要中心化组织的参与和监管，元宇宙的公共性和社会性使得完全去中心化在一定程度上很难实现。

其次，在产业布局层面，各大巨头间的竞争态势决定了其生态的相对封闭性。虽然元宇宙具有去中心化的特点，但毋庸置疑的是，较早加入元宇宙赛道、科技实力强、资金积累多的头部公司将获得巨大优势，可以先人一步获得元宇宙更全面的资料与数据。一方面，存在巨头公司是否愿意开放研究成果的问题；另一方面，发展较为滞后的公司寻求接入元宇宙时很可能处于不利地位，由于缺乏必要的技术和产业链条件，这些公司将付出巨大的成本，并增加对头部公司技术的依赖。元宇宙面临与当今互联网产业同样的垄断压力，如果一个组织获得了对元宇宙的大部分控制权，可能会成为另一个中心化操作系统，对交易收取高额费用，并扼杀效率和创新，背离其美好的初衷。

而企业维度的垄断很可能成为国家维度的缩影。除了企业发展和应用元宇宙的条件、速度存在差距外，正如各个国家对于虚拟货币的看法与法律法规监管均有不同，各个国家对元宇宙的看法、立场、监管方式也可能千差万别，原本所希望的元宇宙很可能被种种差异影响，形成相互隔绝的系统。更为严重的是，企业维度的不良竞争上升到国家维度，很可能危害国家安全，使一些在元宇宙舞台上实力落后的国家陷入被淘汰的危机。

产业内卷

美国说唱歌手特拉维斯·斯科特在《堡垒之夜》中举办的

虚拟演唱会成为打破次元壁的关键手段，将这款游戏从原本单纯的“游戏”转向了“元宇宙”，其中的区别在于是否实现了虚拟世界与现实世界的相通相生。

百度的希壤开放了“冯唐艺术层”“百度世界大会”两个场景，依托虚拟化的人物形象、游戏化的场景等产品设计，为用户带来逛展、交流的沉浸式体验。虽然目前其仍处于开发的早期阶段，存在改进空间，但也让人发现了除传统社交 App 之外的社交新鲜感，对未来的虚拟世界社交场景产生美好的期盼。

让人疑惑的是，为什么元宇宙首先被游戏和社交公司提出呢？

先看游戏行业，根据智研咨询报告，2019 年我国新增游戏相关企业超过 6.5 万家，创历史之最，随后 2020 年尽管疫情到来，新增游戏企业仍超过了 5.8 万家，越来越多的玩家进入游戏行业，企业也开始争夺行业中有限的人才、用户资源。此外，随着技术升级，近年来越来越多内容丰富的精品游戏进入市场，极高的操作上限、精美的画面风格，持续优化玩家的游戏体验感、沉浸感。米哈游等大批新开发商涌入游戏赛道，逐渐强大的新生力量为市场进一步增添了压力，使游戏行业陷入疯狂竞争的境地，涨薪、抢人、抢投资项目，愈演愈烈。

再看社交行业，产业竞争同样存在。传统社交产品模式逐渐进入瓶颈期，用户需要借助终端媒介进行交流，始终受制于手机这一载体，追求多元化社交体验的需求上升。此外，抖音、快手等短视频直播平台的火爆，也给微信、微博等主流社交媒体增加了竞争压力，流量变现的形式正在改变。用户量增长几近饱和，反射出各类社交媒体抢占用户时间的博弈已演变成一场零和游戏。

元宇宙的出现无疑给游戏、社交行业带来了一束光。其具有综合环境、综合感官、玩法无限、增量空间无限的特点，突破了传统互联网模式下行业的局限，推动行业从存量市场中发现增量市场，具有巨大的发展空间。加上元宇宙与游戏、社交行业本身具有的一些关联性，更多人将元宇宙视作游戏、社交行业在 2021 年的“破局”之策。

然而，所谓的“破局”，真的能破吗？是产业升级还是产业竞争的延续？

让人担忧的是，游戏和社交行业激烈竞争的现状并未被元宇宙突破，有限的资源、激烈的竞争这两大要素仍然存在，加剧产业竞争。元宇宙的技术支撑当前尚不可及，对元宇宙的探索与尝试注定需要更多的人才、资金支持，虚实相生、全产业生态的虚拟世界也需要更大规模的用户资源，一些互联网巨头已经抢先进入元宇宙赛道展开研发竞赛，激烈的竞争态势决定了未来产业生态的相对封闭性，可能加剧产业资源的争夺。

第 10 章 / *Chapter Ten*

是真的“快乐星球”吗：元宇宙未来展望与总结

元宇宙未来展望：下一代互联网

在 2020 年腾讯内部刊物《三观》中，腾讯 CEO 马化腾首次提出了全真互联网的概念。在移动互联网发展似乎进入瓶颈期的今天，互联网即将迎来下一次升级换代，进入互联网 3.0，也称为全真互联网。在全真互联网时代，线上和线下一体化更加全面，实体经济和数字经济融合程度加深，虚拟与现实集成化，从而将人、物、信息、服务等要素更加紧密地结合到一起。

2021 年，元宇宙概念的迅速走红让人们看到了下一代互联网的曙光，元宇宙作为全真互联网的形态之一，一时汇集了人们对未来数字世界的美好想象。

Roblox 公司联合创始人兼 CEO 大卫·巴斯祖基认为，在未来，元宇宙是一个人们在其中花大量时间工作、学习、娱乐的虚拟场所。试想一下，在元宇宙中游客们可以参观重建的历史古迹，孩子们能身临其境学习侏罗纪时代的知识，全球的乐迷可以在虚拟演唱会中共聚一堂、放声合唱，失去双腿的人可以自由奔跑，主人可以再与逝去的宠物玩乐一场……许多新的职业也可能出现，如数字孪生工厂的工人、虚拟角色的捏脸师、数字土地的建筑师等。

此外，每一轮互联网的升级都会带来巨大的商业机遇与创新空间。元宇宙将虚拟世界与现实世界有机结合，将会促进数字经济与实体经济更深层次的融合，数字财富将成为 Web 3.0 的新财富形态。

展望未来，元宇宙的发展趋势将会如何？

从发展阶段来看，真正意义上的元宇宙出现需要经历三个阶段。

第一阶段，也就是目前我们所处的阶段，元宇宙的应用场景集中在社交、游戏领域，沉浸式体验形成雏形，虚拟世界提供基本的社交、娱乐功能，少部分用户对元宇宙产生归属感。在软件工具上分别以 UGC 平台生态和能构建虚拟关系网的社交平台展开，底层硬件支持依旧离不开今天已然普及的移动设备。

同时，VR、AR 等技术逐步成熟，有望成为新的娱乐生活的载体。

第二阶段，虚拟与现实逐渐融合，消费、金融、生活服务等更多现实世界中的元素被纳入虚拟世界，用户基数大大增加，元宇宙成为与手机一样重要的存在。以 VR、AR 等显示技术和云技术为主，全真互联网指导下的智慧城市、逐步形成闭环的虚拟消费体系、线上线下有机打通所构成的虚拟化服务形式以及更加成熟的数字资产金融生态将构成元宇宙的重要组成部分。

第三阶段，也就是元宇宙达到终极形态，虚拟世界达到可以媲美《头号玩家》电影中“绿洲”的程度，虚拟与现实密不可分，现实世界中的社会生活和商业活动大部分都可以在元宇宙中实现，甚至元宇宙中还会出现新的文明。此时的技术支持包括脑机接口、芯片技术、生物科学等。

总体而言，在元宇宙的发展中，“虚”与“实”的交互将越来越紧密，所需的底层技术布局将越来越复杂与全面。

具体来看，元宇宙对未来可能产生以下影响：形成“元宇宙+”产业生态、数字形象与数字身份重要性提升、治理模式变革、数字文化大繁荣、数字金融新体系。除此之外，元宇宙的演进与发展对技术的要求将会提高，数据也将成为元宇宙中的核心资产。展望未来，元宇宙充满无限的可能与机遇。

形成“元宇宙+”产业生态

元宇宙的发展是“虚实相生”，实现数字经济与实体经济的深度融合，以“虚”带动“实”的升级。在元宇宙时代，区块链、VR、AR、AI等关键技术都将推动产业全面升级。

产业升级将呈现梯次变革，与元宇宙密切结合的产业领域将较先、较快地发展。除了目前率先尝试的元宇宙+社交娱乐、元宇宙+游戏之外，未来元宇宙还将与展览、教育、设计规划、医疗、工业制造、政府公共服务等进行融合（见图10-1）。

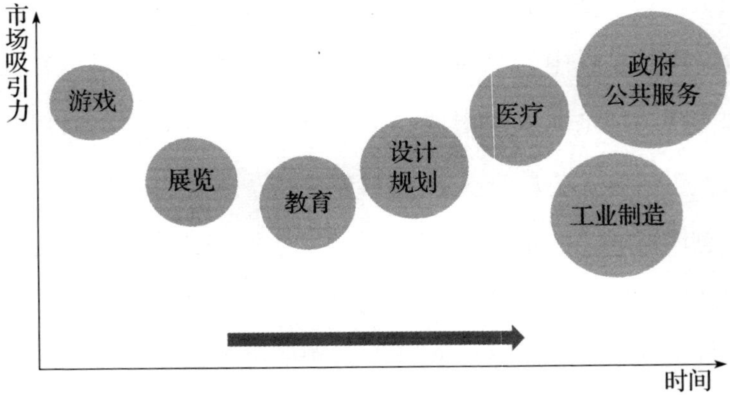

图10-1 元宇宙的梯次产业变革

资料来源：清华大学新闻与传播学院新媒体研究中心.

总体来看，未来元宇宙将与多个产业融合，实现应用场景落地，呈现“元宇宙+”的产业生态系统（见图10-2），实现元宇宙对产业的赋能、升级，最终达到一体化。

图 10-2 “元宇宙+”产业生态

(1) 元宇宙+农业。最前沿的技术和最传统的产业可能碰撞出新的火花。在农业应用中，可以对真实的果园、食品加工厂三维建模，在虚拟环境中设置机器人的运动规划路线，模拟现实世界中的水果采摘、食品加工等活动，完成实际的采摘、生产流程自动化，提高效率与产能。此外，可以在虚拟环境中精确模拟植物、动物等的生长过程，以最少的时间获取第一手生长数据资料，从而指导现实生产；也可以通过模拟最佳畜牧环境来提高产量，例如，2021 年冬季土耳其的一个农场主为奶牛佩戴 VR 眼镜，用以在室内模拟温暖阳光和草地环境，牛奶产量提高了 23%。

(2) 元宇宙+制造业。制造业产品的设计、生产、应用、服务全过程将被覆盖。智能工厂最小化电力、人力，即可实现产品生产，做到自动化、智能化、信息化。此外，可以在虚拟世界模拟产品的研发与测试等流程，将测试对象作用于现实人类的数字孪生，进行全面准确的测试，在指导生产的同时节约资源，大大降低在现实世界中操作的成本。

(3) 元宇宙+文化、体育和娱乐业。历史古迹可以通过数字模拟重现，并配备虚拟人导游讲解背后的故事，可以极大丰富用户的旅游体验；在体育业应用中，虚拟运动场景应运而生，攀登珠穆朗玛峰、在张家界滑雪、畅游大海峡等运动突破了物理环境制约，变得一切均有可能。此外，用户与体育赛事的交互得到升级，用户可以获得沉浸式的观赛体验，如无缝切换现场赛事、与其他虚拟形象进行社交互动等；在娱乐业应用中，虚拟综艺、虚拟演唱会、虚拟音乐节等新的娱乐形式将出现，满足用户沉浸式的娱乐消费需求。

（4）元宇宙＋教育业。实操教学将更加真实，学生在虚拟世界中进行实操模拟，降低教学成本的同时优化教学效果。教育也将更加公平，元宇宙帮助学生突破物理条件的限制，享受优质的教育资源。特殊教育人群的教育也将得到变革，通过技术克服生理局限。此外，教学场景突破时空限制，使书本内容在虚拟世界栩栩如生，历史、艺术、科学等课程内容更加丰富，教学寓教于乐。

（5）元宇宙＋医疗业。医生可以与病患的数字孪生解剖形态交互并模拟治疗操作，以获得更加准确的距离、角度、位置，制定精确的治疗方案，有效降低可能发生的风险。数字孪生将对现实中人体的结构进行解析，展现在虚拟世界中，由医生远程诊断，有效降低接触感染的风险。此外，科学家得以在分子水平上观察、研究、模拟，获得大量医学数据。

（6）元宇宙＋金融业。虚拟数字员工将成为银行劳动力的重要组成部分，用于客户服务、宣传教育等方面，为银行获取客户、资金，助力品牌和业务发展。此外，由于元宇宙的经济体系特性，数字货币和配套的 DeFi 服务将非常活跃。

（7）元宇宙＋交通运输业。基于数字孪生的汽车、自动驾驶研发、交通基础设施建设仿真模拟，可以降低开发成本，同时模拟环境测试能有效避免在真实世界中可能发生的风险。此外，可以使用采集的交通数据建立虚拟交通体系，实现对交通的模拟、检测、诊断、预测、管理，并通过大数据分析、AI和交通仿真技术生成交通优化方案。

（8）元宇宙＋批发零售业。在批发零售业应用中，元宇宙商城将给用户带来全新的购物体验，解决传统网购无法感受真实商品的局限性，还原在实体店购物的体验，互动式购物体验将更加流畅。

（9）元宇宙＋环境业。人们在虚拟世界中的一系列活动极有可能帮助减少多种形式的碳排放。例如，将音乐会呈现于线上VR平台，观众就可以减少出行，进而减少交通碳排放。

（10）元宇宙＋建筑业。建筑是元宇宙的基本元素之一，虚拟世界中的建筑设计能够突破现实世界中空间、资金等资源的限制，可以进行建筑设计模拟以指导后续现实世界中的工程落地。此外，虚拟世界中的建筑实用价值被淡化，艺术价值的重视程度将被提高。

（11）元宇宙＋信息技术业。社交与游戏行业是目前元宇宙率先尝试布局的领域，虚拟世界的沉浸式场景与玩法将提升玩家的游戏体验。此外，在社交行业，虚拟办公、虚拟会议等提高了办公交流的效率，以仿真人的虚拟形象交流也更贴近自然情形下的人类交流。在虚拟社交中，用户甚至可以与古今中外不同领域的人展开对话，其情感和行动体验将更加丰富。

（12）元宇宙＋公共管理与服务业。在党建工作中，虚拟世界中呈现的沉浸式红色场景，以及虚拟红军讲解员，可以将党史呈现得更加生动丰富，使党员学习培训、党宣工作等更加有吸引力。此外，元宇宙中的虚拟政府可以克服线下政务服务的时空限制、语言障碍等问题，并将元宇宙中的关键技术与数字城市理念结合，提供智慧政务服务，便利市民生活。

随着元宇宙的发展演进，“元宇宙＋”的产业生态将会更加丰富。

元宇宙也会带来许多新兴产业的发展。元宇宙在多种技术的带动下开始出现在大众视野中，但是，目前元宇宙只是一个雏形和框架，与终极阶段的元宇宙还有较大的差距。需求产生动力，元宇宙也会带动相应的技术和产业进一步升级，如 VR 设备小型化、通信技术高度化、数据隐私保护完善化等。

元宇宙作为下一代互联网，是一系列新兴数字技术的融合，帮助产业转型是其核心使命。在未来，身处各地的人可以基于数字世界有效协作，智能设备可以有效联动，产业链运作也将更加透明和高效。

分布式自治成为重要治理模式

DAO 的含义是去中心化自治组织，于 20 世纪 90 年代初提出，蕴含着美好的组织前景，例如，消除组织中人与人之间的不平等，促进充分交流协作。但这样的理念受制于极高的执行成本，在很长一段时间内都未流行，直到区块链技术的产生为其带来希望。区块链技术中的智能合约为 DAO 的规则提供了技术支持，通行证为 DAO 的利益分配奠定了现实的激励基础，区块链本身的无边界为 DAO 突破了地域限制。DAO 成为一种基于区块链的智能合约，在共享规则下以分权自治形式完成决策，并让与决策对应的行动通过程序自动执行的社群治理模式。

DAO 或许可以成为最适合元宇宙的社群治理模式。在元宇宙中，DAO 通过重构组织关系改变项目融资方式、资产所有制、经营模式，打破传统公司制等中心化组织中投资者、决策者、管理者、劳动者甚至消费者的利益关系和边界。

目前，DAO 存在一些局限性。由于 DAO 的决策执行依赖代码修改，不一定适用于现实世界中的实体组织，产生了很多失败案例，例如，众筹的加密货币组织 ConstitutionDAO 在苏富比拍卖会上试图购买一个珍贵的美国宪法的复印本，却未能成功。正如元宇宙处于初期的探索尝试阶段，DAO 的应用也并非一蹴而就。在未来，随着产业和组织加速数字化，DAO 可能实现大规模应用，成为元宇宙主流的组织方式。

在元宇宙时代，DAO 治理下的价值分配模式也将得到优化。收益农耕是一种基于区块链智能合约实现的自动化、定量化、实时化的平台价值分配体系，目前已经广泛应用于 DeFi 领域。在收益农耕模式下，参与者按照平台要求锁仓质押数字资产，系统将每隔一小段时间通过智能合约发放数字资产奖励。参与者在获得交易利润的同时，也参与了平台未来长期价值的分配，形成数字贡献者与平台的共生关系，整个价值分配过程透明、公平、开放。在未来的元宇宙中，每个人都可以成为数字贡献者，运营自己的数字资产，收益农耕为未来价值分配提供了新方案。

在元宇宙时代，社会协作关系将在深度与广度上迅速扩展，以 DAO 为基础的全球协作体系将逐步建立，创造持续增长的组织价值。

数字形象、数字身份塑造第二个“我”

随着虚拟世界与现实世界的融合程度加深，数字形象将成为我们主要的社交形象，其中内含的数字身份也将打通数据流、资金流，并逐步与现实身份互通，数字身份将成为我们的第二身份。每个人在元宇宙中的数字形象与数字身份，既作为现实面貌与身份在虚拟世界的映射，又丰富了其内涵，塑造了第二个自己。

2021年8月，美国男子职业篮球联赛运动员斯蒂芬·库里使用价值约18万美元的以太坊NFT通行证购买了一个头像NFT，将一个蓝色的猿猴作为自己的推特头像，一度登上热搜榜首（见图10-3）。让人感到奇怪的是，为什么一个头像具有这么高的价值？这张图片可以在互联网上广泛传播、随意复制，似乎谁都可以将其设置成头像……

图10-3　库里拥有的猿猴头像

资料来源：Bored Ape Yacht Club.

然而，虽然图像的复制品可以很多，但基于区块链和NFT的技术特性，每个图像的最终所有权属于其NFT持有者，NFT是唯一的，即使可以复制代码，加密签名、时间戳等要素也无法复制，甚至基于互联网的传播效应，该头像NFT的价值与知名度会进一步上升。这在元宇宙概念出现之前，是我们无法想象的，一个头像竟然可以具有如此高的价值。而在元宇宙概念出现之后，可靠的区块链技术对图像类的数字对象进行了确权，类似头像 NFT 被拍卖出天价的事件并不少见。

事实上，无论是社交媒体中的头像、个性签名，还是游戏中的皮肤、虚拟人物形象，都是数字形象的一部分。在现实世界中，这些数字形象的出现频次甚至可能高出真身，这在一定程度上解释了元宇宙概念出现后头像 NFT 火爆的原因。在元宇宙中，虚拟角色将是现实身份的载体，每个人设立的数字形象可能比现实中的实际样貌更能综合描绘个人的爱好、性格、理想等。人们对数字形象的重视程度将不亚于现实世界中的实际样貌，数字形象将成为人们在虚拟世界中的外在形象和社会符号。

除了数字形象，类似于现实世界中身份证，元宇宙中每个人也将拥有自己的数字身份。在过往的科幻电影中，主角似乎都是现实世界中的郁郁寡欢者，却在虚拟世界拯救世界或者实现个人理想，最终领悟现实真谛。然而在元宇宙中，数字身份也意味着第二人生吗？

并不然，与游戏中创建的虚拟角色同现实世界脱离不同，元宇宙中的数字身份与现实身份一一对应，能够与数据、资产、信用、身份体系互通，用以记录在虚拟世界中的社会关系、财产体系、交易历史、知识创意等一切信息，全面对接元宇宙的各项应用，是一切数字活动的基石。正如世界上没有完全相同的两片树叶，在元宇宙中，每个人的数字身份也是独立、独特的，尽管是一个由代码搭建的虚拟身份，但也需要具备人格特征，对应现实世界中用户的日常行为习惯和喜好，具有自由参与元宇宙中各项活动的权利，由区块链与隐私计算技术保障数字身份的可信、安全。

多项技术促进数字文化繁荣

在元宇宙中，NFT 将成为数字文化的载体，每个人都有机会参与数字文化创作，尤其是在虚拟世界中减少了物理层面的约束与限制，创意将井喷式产生，数字文化将呈现大繁荣的趋势。

NFT 是元宇宙中数字文化的核心载体与价值体现，主要涉及藏品交易、视频版权、游戏道具等领域，在元宇宙概念带动下发展迅猛。根据业界领先的以太坊区块链软件公司 ConsenSys 报告，2021 年第三季度 NFT 的销售额总计 107 亿美元，环比增长 8 倍（见图 10-4）。只用一年的时间，NFT 就从最初的小众藏品逐渐成为数字文化的主流载体，并拓宽了数字文化产业的边界。在未来，NFT 将成为连接现实世界与虚拟世界的价值桥梁，无论是画作、门票还是任何具有独特性的资产，都可以变成 NFT。

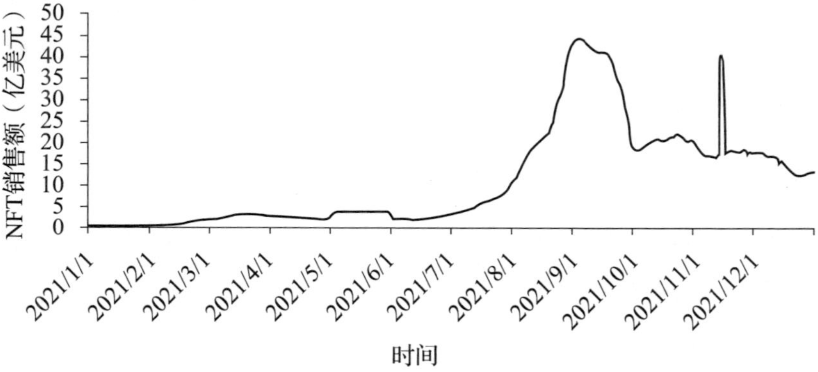

图 10－4　2021 年 NFT 销售额变化情况

NFT 的出现让元宇宙中的每个人都可以拥有数字物品所有权，其不可复刻、不可篡改、不会衰退的特点，解决了数字文化领域的确权难题，大大提高了产品的流通性。在 NFT 出现之后，数字文创产品再也不能被完全、随意地拷贝和使用，创作者拥有所有权证明，并能享受作品持续增值带来的收益，为数字文化繁荣奠定基础。

此外，VR、AR 等技术的发展也将大大提高艺术家的创作上限。数字艺术品是创意承载在数据之上的产物，艺术家可以借助技术为作品带来更强大的生命力。原先受限于平面的画作有机会在虚拟世界中立体化，剧本杀创作者有机会将故事变得更加真实与有趣……为用户带来沉浸式的艺术体验。

随着 AI 的发展，数字内容创作的智能化水平也将不断提高，自动生成内容将是主要趋势，这将大大降低创作的门槛及成本。利用 AI 的智能分析和算法，专业开发人员将预先准备好的程序模块化，将使内容创作更加简单，全民创作的局面成为可能。在未来，数字人也将参与社会生活，形成一种新的文化。数字人是 AI 技术在元宇宙中的重要应用。早期的数字人主要依靠手绘，随着计算机图形学技术、3D 渲染、动作捕捉、全息投影及 AI 技术的发展，数字人变得更加逼真、智能，诞生了初音未来等虚拟偶像。2018 年搜狗与新华社联合推出的全仿真数字人 AYAYI 进行了新闻播报，除了数字记者外，未来 AYAYI 还可能在数字策划展览、NFT 艺术创作等多个领域大放异彩。这些数字人将成为与我们共同创造元宇宙的重要角色。

在元宇宙中，数字文化将会给我们不断带来惊喜。

DeFi 加速数字金融变革

在元宇宙中，数字经济与实体经济将实现深度、全面的融合，数字金融新生态将出现。

DeFi 的含义是去中心化金融，与传统中心化金融相对，指在开放的去中心化网络中建立的各类金融领域的应用，目标是建立一个多层面的金融系统，以区块链技术和加密资产为基础，重新创造并完善已有的金融体系。随着区块链的发展，DeFi 的应用场景也在不断丰富，而金融业是其中最有前景的行业。目前，DeFi 主要是在以太坊网络生态内较为活跃，经过 2～3 年的探索发展，衍生出了稳定币、借贷平台、衍生品、预测市场、保险、支付平台等多种金融创新玩法。DeFi 市场正在快速发展，根据 DeFi Pulse① 的数据，锁定在 DeFi 应用程序中的数字资产价值从 2019 年的不到 10 亿美元增长到 2020 年的超过 100 亿美元，并在 2021 年超过 800 亿美元。

随着元宇宙进入人们视野，这样一个开放、公平、完全自治的世界，其形态是数字化的，这对金融业态的数字化提出了要求。因此，DeFi 有望对元宇宙经济体系产生主导作用。

在元宇宙中，人们对数字资产的确权与区块链中的价值体系、加密体系是密不可分的。在 DeFi 的机制中，用户的金融操作将不受地理、经济水平、信任限制。基于区块链的加密使数据资产化，智能合约帮助用户自动自主执行、规避暗箱操作，共识机制自动对交易进行验证和确认，为交易行为留下不可篡改的记录，帮助元宇宙的用户完成对数字产品的确权，建立数字资产。因而，在未来的元宇宙中，DeFi 将得到广泛应用，构建元宇宙时代的全新数字金融体系，促进金融智能化发展。

DeFi 结合 NFT，将成为元宇宙经济体系的基础设施，能够将其应用拓展至元宇宙的内容、知识产权、记录和身份证明、

① DeFi Pulse 是追踪 DeFi 数据的工具，通过追踪锁定正在运行的 DeFi 应用程序，以及协议的智能合约中的总价值，提供 DeFi 协议的最新分析和排名。

金融文件等领域，创造一个能容纳多样化资产、复杂交易的透明自主的金融体系，支持元宇宙文明的构建。

元宇宙时代用户信息行为变化

元宇宙为用户与信息的交互带来了无限可能，用户信息行为与传统环境下的相比将具有显著差异。

在元宇宙时代，虚实融合带动虚拟世界与现实世界的数据互通联结，社会网将成为用户行为的依托，互联网将是信息流动的通道，物联网则是用户的感官。一方面，多种新兴技术的发展与应用将促进海量的数据信息价值被充分挖掘，为用户的生活与决策提供服务；另一方面，多种类型的信息交融将使用户拥有身临其境的沉浸感，对信息的感知和利用能力增强。

在“元宇宙＋”产业生态下，元宇宙将实现多产业场景应用，包括制造业、农业、教育业、娱乐业等。各个产业及其细分产业下的用户群体的有效识别和信息交互行为规律，将成为关注的重点。

在元宇宙时代，虚拟世界成为超越现实世界的数字映射，用户无时无刻不在虚实相融的环境中生活生产，用户的认知从头脑延展到体外的数字世界，用户认知行为将发生重大改变。

元宇宙发展建议

从用户角度看，一方面，用户需要理性看待元宇宙。元宇宙目前处于初级发展阶段，技术层面仍然任重而道远，行业存在漫长的去泡沫过程。用户既要警惕盲目跟风与过度炒作，谨慎投资，也不必对元宇宙存在的风险过于悲观。元宇宙作为下一代互联网终将到来，新兴产业的发展过程也必将经历泡沫。另一方面，用户需要养成元宇宙时代的新思维，充分理解元宇宙时代的技术、金融体系、组织方式等，掌握全局观念，积极地学习与尝试，拥抱元宇宙的到来。

从技术角度看，元宇宙是一个技术驱动的时代，技术局限性是当前元宇宙发展的最大瓶颈，应积极大力提升移动通信、VR、AR、AI、网络通信、云计算、区块链等底层架构信息技术水平。

从监管角度看，元宇宙概念自 2021 年走红，大量资本注入，巨头公司展开元宇宙战略布局，此后发展速度将越来越迅猛。但目前元宇宙的概念定义、标准规则、法律法规等均不完善，存在舆论风险、沉浸风险、道德风险、法律风险、技术风险、产业风险等。与网络空间一样，如果缺乏相应的规则制度，元宇宙中也必将会从生各种违法乱纪现象。政府需要进行科学监管，跟踪并研究元宇宙中的新模式、新机制，尽快制定相应的规章制度，以防范风险，特别是关注元宇宙金融体系、知识产权、数据安全保护等问题。

元宇宙总结

在《头号玩家》电影中，人们戴上 VR 头盔后，就能进入由詹姆斯·哈利迪一手打造的虚拟游戏宇宙“绿洲”，在这个光怪陆离的虚拟世界交友、娱乐、做生意等，“绿洲”几乎成了所有人的第二人生。电影落幕之后，观众都对“绿洲”充满了幻想，未来我们是否也能在虚拟世界中生活，尝试现实世界中不可能完成的事情呢？

2021 年元宇宙概念走红，3 月被称为“元宇宙概念第一股”的 Roblox 公司成功在纽交所上市，这似乎在将这些幻想中的虚拟世界推向现实，一时引起了业界的广泛关注。大量巨头公司加入元宇宙赛道，大量投入资本进行相关研发，人们都对这个原先只能在科幻小说、科幻电影中出现的概念可能走向现实感到惊喜，并且达成共识：元宇宙是下一代互联网技术变革的新形态。

元宇宙由一系列生生不息的虚拟世界组成，这些虚拟世界对访问所需的硬件没有限制，可以是电影、小说中常见的 VR 眼镜或头盔，可以是脑机接口，也可以是普通的终端设备。元宇宙在很大程度上是由创作者驱动的，并为用户提供各种体验，用户可以在其中社交、交易，在虚拟世界之间无缝跳转，并将数字产品从一个世界带到另一个世界。

元宇宙概念源自 1992 年尼尔·斯蒂芬森创作的科幻小说《雪崩》，其描述了斯蒂芬森对数字世界在不久的将来可能如何演变的愿景：用户以自定义的化身在其中活动，主角通过目镜设备看到元宇宙的景象，即自己身处电脑绘制的虚拟世界，其中灯火辉煌，数百万人在中央大街上穿行。元宇宙的主干道与世界规则由计算机协会全球多媒体协议组织制定，开发者需要购买土地的开发许可证，之后便可以在自己的街区布局大街小巷，建造楼宇、公园以及各种有悖于现实物理法则的事物。主角的冒险故事便在这个基于信息技术的虚拟世界中展开。

元宇宙概念的突然火爆，离不开科学技术的发展和人们对未来的美好期待。一方面，经过多年的发展，VR、AI、区块链、5G、可穿戴设备等底层技术的应用日渐成熟；另一方面，2020 年突如其来的疫情使线上办公、线上教学逐渐成为常态，人们对互联网的依赖性急剧增强，线上生活大大丰富，“宅经济”迅速发展。此外，在一些具体的应用场景中，元宇宙使人们对线上和线下生活的边界更加模糊。从在游戏中以虚拟形象参加虚拟演唱会，到以虚拟形象参加会议，并能够在虚拟空间中使用语音和动作与他人实时交互……这些成功的案例说明，虽然我们与理想中的“绿洲”还相距甚远，但也可以通过使用VR、AR、虚拟角色和计算机生成栩栩如生的影像，将元宇宙概念具象化，将虚拟拉进现实。这些新改变承载着人们对技术发展的信心，以及对未来美好生活的期待，也同时使元宇宙进一步受到关注。

元宇宙作为下一代互联网，将对社会生活的方方面面进行变革。在未来，元宇宙将涵盖游戏、社交、体育、旅游、会展、教育、经济体系、医疗、工业、购物等全面应用场景。元宇宙将现实场景实时映射至虚拟世界，即基于数字孪生实现数字原生的建设，再利用虚拟世界的产出信息服务现实、辅助现实决策，以数字原生的创造物在现实世界产生价值，实现虚实互通、相互发展，达到1＋1＞2的协同效应。元宇宙通过区块链技术真正实现数字价值的确权、定价、交易与赋能，通过区块链数据以公开透明、不可篡改的方式构建资源网络，新的信任机制将产生，去中心化的组织形式将得以应用于数字世界，治理模式将发生巨大变革。

元宇宙承载了大部分人对未来生活最美好的想象，以科学技术为人类带来福祉的畅想。然而，目前元宇宙还处于萌芽发展期，元宇宙产业远未达到全产业覆盖和生态开放、经济自洽、虚实互通的理想状态，包括技术在内，许多配套的标准规范尚未出台。元宇宙的前景与众多风险并存，舆论风险、沉浸风险、道德风险、法律风险、技术风险、产业风险等都是元宇宙潜在的风险。作为下一代互联网，元宇宙的发展任重而道远。

不过，一切正在朝着越来越好的方向发展，《中华人民共和国民法典》第一百二十七条规定，法律对数据、网络虚拟财产的保护有规定的，依照其规定。该条款的制定和实施契合虚拟财产发展的潮流。主流媒体也纷纷呼吁人们理性对待元宇宙，警惕舆论泡沫。科技巨头持续加码和布局元宇宙的同时，也在不断推动底层研发、业态创新和场景落地，脚踏实地探索元宇宙的未来……

正如威廉·吉布森所说：“未来已来，只是尚未流行。”在技术演进和人类需求的共同推动下，元宇宙应用场景的扩展和元宇宙产业的成熟只是一个时间问题。作为真实世界的延伸与拓展，元宇宙将带来巨大的机遇，发挥革命性的作用。元宇宙将改变人们的生活方式和社会面貌，让虚拟世界与现实世界融合、数字经济与实体经济融合、数字资产与实物资产融合、数字身份与现实身份融合，带领人类走向更高维度的数字文明。

参考文献

[1] 黄欣荣，曹贤平. 元宇宙的技术本质与哲学意义. 新疆师范大学学报（哲学社会科学版），2022（1）.

[2] 吴江，曹喆，陈佩，等. 元宇宙视域下的用户信息行为：框架与展望. 信息资源管理学报，2022（1）.

[3] 耐克与 Roblox 合作，打造名为"Nikeland"的虚拟世界. 国际品牌观察，2021（36）.

[4] 张凌霄. 元宇宙数字化经济体系如何构建?. 每日经济新闻，2022－01－07.

[5] 董亚楠. 后现代文类视野下的赛博朋克小说：以《雪崩》为中心. 长春：东北师范大学，2010.

[6] 张广勋. 未来大都市的真实与虚拟——E－托邦视域下的《雪崩》研究. 都市文化研究，2015（2）.

[7] 陈永伟，程华. 元宇宙的经济学：与现实经济的比较. 财经问题研究杂志，2022（1）.

[8] 华子荀，付道明. 学习元宇宙之内涵、机理、架构与应用

研究：兼及虚拟化身的学习促进效果. 远程教育杂志，2022 (1).

[9] 易欢欢，黄心渊. 虚拟与现实之间：对话元宇宙. 当代电影，2021 (12).

[10] 许鑫，易雅琪，汪晓芸. 元宇宙当下“七宗罪”：从产业风险放大器到信息管理新图景. 图书馆论坛，2022 (1).

[11] 李海峰，王炜. 元宇宙+教育：未来虚实融生的教育发展新样态. 现代远距离教育，2022 (1).

[12] 王飞跃. 数字医生与平行医疗：从医疗知识自动化到系统化智能医学. 协和医学杂志，2021 (6).

[13] 清华大学新闻与传播学院新媒体研究中心. 2020—2021 年元宇宙发展研究报告. 2021-09-16.

[14] 钛媒体. 元宇宙发展进度条. [2022-01-11]. http://www.zkchainnews.cn/2022/01/11/html-meta098/.

[15] 元宇宙炼金术 | 基础平台？场景搭建？国内互联网巨头如何布局. [2022-01-16]. https://www.thepaper.cn/newsDetail_forward_16135096.

[16] 清华大学新闻与传播学院新媒体研究中心. 元宇宙发展研究报告 2.0 版. 2022-01-21.

[17] 张程. “元宇宙”来了吗. 检察风云，2021 (20).

[18] 张海森. Second Life 虚拟世界教育应用研究的最新进展. 中国电化教育，2011 (4).

[19] 资本市场观察——元宇宙涉及的三大法律问题. [2021-12-08]. https:/zhuan lan. zhi hu. com/p/442557838.

[20] 元宇宙如何赋能制造业?. [2021-11-23]. http://i4. cechina. cn/21/1123/08/20211123085551. htm.

[21] 元宇宙零售来了! 首个元宇宙零售解决方案即将出炉?. [2022-01-11]. https://new. qq. com/omn/20220111/20220111A08Z9900. html.

[22] 元宇宙和法律人的未来畅想. [2022-01-19]. https://xw. qq. com/cmsid/20220113A091Q500.

[23] 元宇宙发生性骚扰: 虚拟角色有人身权人格权吗?. [2021-12-22]. https://baijiahao. baidu. com/s? id=1719845734731113991&wfr=spider&for=pc.

[24] 元宇宙 & 沉浸式演艺. [2022-01-05]. https://xw. qq. com/cmsid/20220113A08HX200.

[25] 元宇宙, 银行数字化转型的尽头? . [2021-11-24]. https://www. yicai. com/news/101238730. html.

[26] 西媒: 元宇宙空间设计是门大生意. [2022-01-23]. https://www. sohu. com/a/518506593 _ 114911.

[27] 热潮之下乱象丛生, 是时候谈谈元宇宙监管了. [2022-01-14]. https://xw. qq. com/cmsid/20220114A0963B00.

[28] 零售巨头悄然进军“元宇宙”! 元宇宙超市要来了吗.

[2022－01－17]. https://baijiahao.baidu.com/s? id=1722171453737955803&wfr=spider&for=pc.

[29] 筷农 | 万物皆可元宇宙？浅谈农业+元宇宙如何走向现实. [2021－12－02]. https://baijiahao.baidu.com/s? id=1718023280386000943&wfr=spider&for=pc.

[30] 当银行与元宇宙相遇……. [2022－01－13]. https://finance.ce.cn/bank 12/scroll/202201/13/t20220113_37252491.shtml.

[31] 板块异动 | 工信部：培育一批进军元宇宙创新型中小企业元宇宙概念股短线拉升. [2022－01－24]. https://baijiahao.baidu.com/s? id=1722817628925481734&wfr=spider&for=pc.

[32] "元宇宙来了"之一：虚拟办公场景最"靠谱"，Meta和微软争做"头号玩家". [2021－11－09]. https://www.21jingji.com/article/20211109/herald/181deabe87ae985462dfb4617737321a.html.

[33] "元宇宙"蔚然成风 这将如何改变体育产业?. [2021－11－08]. https://i.ifeng.com/c/8B03yfPxWHR.

[34] 马化腾、周鸿祎、扎克伯格、库克交锋：元宇宙是未来还是毁灭?. [2021－11－28]. https://baijiahao.baidu.com/s? id=1717644102787470488&wfr=spider&for=pc.

[35] 于佳宁，何超. 元宇宙. 北京：中信出版集团，2021.

[36] 左美云. 智慧养老：内涵与模式. 北京：清华大学出版社，2018.

图书在版编目（CIP）数据

读懂元宇宙 / 程絮森著. -- 北京：中国人民大学出版社，2022.5

ISBN 978-7-300-30499-1

Ⅰ.①读… Ⅱ.①程… Ⅲ.①信息经济 Ⅳ.①F49

中国版本图书馆 CIP 数据核字（2022）第 054302 号

读懂元宇宙

程絮森　著

Dudong Yuanyuzhou

出版发行	中国人民大学出版社		
社　　址	北京中关村大街 31 号	**邮政编码**	100080
电　　话	010－62511242（总编室）		010－62511770（质管部）
	010－82501766（邮购部）		010－62514148（门市部）
	010－62515195（发行公司）		010－62515275（盗版举报）
网　　址	http://www.crup.com.cn		
经　　销	新华书店		
印　　刷	德富泰（唐山）印务有限公司		
规　　格	148 mm×210 mm　32 开本	**版　　次**	2022 年 5 月第 1 版
印　　张	8.5 插页 2	**印　　次**	2022 年 5 月第 1 次印刷
字　　数	147 000	**定　　价**	68.00 元